Sobhani / Persisches Lehr- und Lesebuch

Persisches Lehr- und Lesebuch

für die Umgangssprache

von

Dr. Farhad Sobhani

Dritte Auflage

Walter de Gruyter · Berlin · New York
1971

Das Buch enthält 296 Seiten und eine Ausfalttafel

ISBN 3 11 003722 X

Copyrignt 1962 by Walter de Gruyter & Co., vormals G. J. Göschen'sche Verlagshandlung —
J. Guttentag, Verlagsbuchhandlung — Georg Reimer — Karl J. Trübner — Veit & Comp.
Printed in Germany — Alle Rechte des Nachdrucks, der photomechanischen Wiedergabe,
der Herstellung von Mikrofilmen, auch auszugsweise, vorbehalten.
Druck: Walter de Gruyter & Co., Berlin 30

Der Völkerverständigung

Dank

Herrn Professor Dr. Olaf Hansen, Direktor des Indo-Iranischen Seminars der Freien Universität Berlin, und Herrn Dr. Hans-Jürgen Jordan, wissenschaftlicher Assistent des Indogermanischen Seminars der Freien Universität Berlin, möchte ich für die Durchsicht des deutschsprachigen Teiles der Grammatik meinen herzlichen Dank aussprechen.

Auch dem Verlage Walter de Gruyter & Co. möchte ich für seine Bemühungen um dieses Buch herzlich danken.

Berlin, den 21. März 1962

Farhad Sobhani

Anleitung für den Leser

Dieses Buch kann nicht einfach von vorn bis hinten durchgearbeitet werden! Man lese zuerst die ,,Einleitung" auf den hier folgenden Seiten, wodurch man einen Überblick über die Anlage des Buches erhält; dann ist das Buch von hinten aufzuschlagen und dort mit den persischen Lektionen zu beginnen.

Die Lektionen 1—23 (ab Lektion 18 nur Lesestücke), Lektion 41, 52, 61, 66 und Lesestück Seite 225—231 kann man auch von Schallplatten abhören. Sie sind zu einem Ladenpreis von 32,— DM erhältlich.

Einleitung

Dieses Lehr- und Lesebuch der persischen Umgangssprache ist für Anfänger ohne irgendwelche Vorkenntnisse geschrieben; es kann aber auch mit Nutzen von Fortgeschrittenen gelesen werden. Durch Anwendung pädagogisch-psychologischer Grundsätze ist das Lernen der Schrift und der Sprache erheblich leichter und angenehmer gemacht.

Die persische Sprache ist sehr leicht zu erlernen, weil auch die Grammatik ganz einfach ist. Die Ausländer, die Persisch in Persien oder im eigenen Lande gelernt haben, bestätigen es tatsächlich.

Anders ist es mit der Schrift, die als schwierig empfunden wird, obwohl sie gar nicht so schwierig ist wie sie aussieht. Es hat bisher nur die richtige Methode gefehlt, in die Schrift einzuführen. Daher fingen die meisten Ausländer gar nicht erst an, das Erlernen der Schrift zu versuchen, obwohl es wirklich notwendig ist. Wenn man nur die Sprache des Landes, aber nicht dessen Schrift lernt, entgeht einem sehr viel.

Nach der Methode dieses Buches wird der Lernende von der ersten Seite an nicht nur persische Sätze sprechen, sondern zugleich auch in der so schwierig scheinenden persischen Schrift lesen und schreiben lernen. So hat er schon vom Anfang an das Erfolgserlebnis, welches Freude an der Sache und Mut zur Weiterarbeit mit sich bringt, die wichtigsten Voraussetzungen für weitere Fortschritte. Dieses Erfolgserlebnis wird ihn von Seite zu Seite begleiten. Sieht man auch nur flüchtig in die ersten Seiten (also ganz hinten in dem Buche!) hinein, dann wird man aus eigener Erfahrung verstehen, was hier gemeint ist und wie es vor sich geht.

Am einfachsten lernt man eine Sprache so wie ein Kind sie lernt. Das Kind kann schon lange richtig sprechen, ohne daß es

von Grammatik etwas gehört hat. Natürlich sind die Erwachsenen keine Kinder mehr, und sie können deswegen zwar durch die Grammatik eine Sprache lernen, aber sie können wiederum auch nicht gegen die Gesetze des Lernens verstoßen, ohne sprachlich Schaden zu nehmen. Die Sprache, die vorwiegend durch die Gesetze der Sprache (d. h. Grammatik) gelernt wird, kann niemals eine lebendige Sprache werden, die im Umgang mit Menschen richtig brauchbar ist. Lernt man eine Sprache vorwiegend durch die Grammatik, so ist es nicht zu vermeiden, daß man beim Zuhören nicht gut auffassen kann, beim Sprechen Wörter nebeneinander setzt und beim Lesen nur sehr langsam und mit Überlegung lesen kann. Die Aussprache wird dabei zu einer „Buchaussprache". Will man z. B. einen Brief schreiben, so schreibt man viel zu korrekt und steif und fällt so aus dem Rahmen der Umgangssprache heraus.

Aus diesem Grunde habe ich in das vorliegende Buch nur soviel Grammatik hineingebracht, wie notwendig, aber auch soviel von der Umgangssprache, wie es im Rahmen des Buches möglich war.

Das Buch hat, soweit möglich, den Charakter eines richtigen persischen Buches, und zwar in folgender Hinsicht: 1. Wie ein persisches Buch wird es von rechts nach links geblättert; 2. Erzählungen, Anekdoten, Beschreibungen und Gespräche, die den Hauptteil des Buches bilden und das Lernen der Sprache angenehm machen, vermitteln zugleich manche wichtige Sitten und Gebräuche und typische Gedankengänge des persischen Volkes.

Auf die „Umschrift", also die Wiedergabe der persischen Laute durch das lateinische Alphabet, ist weitgehend verzichtet worden. Nur zum Lernen des Alphabets und zur Erleichterung und Selbstkontrolle bei den ersten Leseübungen habe ich die Umschrift herangezogen.

Es sei auch erwähnt, daß in diesem Buch die Aussprache der Teheraner als Maßstab genommen ist.

Das Buch ist in fünf Teile aufgeteilt, wobei verschiedene Gesichtspunkte zu berücksichtigen waren:

Im ersten Teil (der also hinten im Buche beginnt und rückwärts geblättert wird) lernt man vorwiegend persisch lesen und

schreiben. Zuerst sind die persischen Buchstaben — gruppiert nach Formähnlichkeit und Verkürzungsmöglichkeit der Form — behandelt worden. Jede Gruppe enthält nur einige Buchstaben, die sofort in zusammengesetzter Form in Wörtern und Sätzen wiederholt erscheinen und damit unmittelbar den Weg in die lebendige Sprache bahnen. Durch diese vereinfachten Lektionen hindurch führt der Weg schrittweise in die zusammenhängenden Texte. Den Texten folgen Übungen und dazugehörige Grammatik. Die Grammatik wird durch Beispiele einem näher gebracht und nur wo notwendig eine Erklärung gegeben. Das Schreiben und Lesen lernt man nach dieser Methode systematisch und natürlich. Die Bedeutung der unbekannten Vokabeln findet man jeweils am Ende des Textes.

Im zweiten Teil besteht jede Lektion aus Erzählung, dazugehöriger Übung und Grammatik. Vorwiegend lernt man hier die Umgangssprache und die Grammatik. Hier sind vor allem einige wichtige Besonderheiten der Umgangssprache durch Regeln und Beispiele zum erstenmal den Lesern zugänglich gemacht.

Der dritte Teil ist das Lesebuch, das auf dem zweiten Teil aufgebaut und zugleich auch für sich allein zu benutzen ist. Hier lernt man — abgesehen von der Umgangssprache — manche wichtige Sitten und Gebräuche des Volkes kennen. Das geschieht durch Erzählungen, Gespräche und Briefwechsel einer imaginären, persischen Familie unter sich und im Umgang mit anderen.

Der vierte Teil besteht aus dem Vokabular des Buches, nach dem persischen Alphabet geordnet. Es erleichtert das Wiederfinden entfallener Vokabeln und ist auch für sich allein als persisch-deutsches Glossar zu benutzen.

Der fünfte Teil (der unmittelbar hinter diesem Vorwort beginnt) besteht aus Grammatik. Die Grammatik in deutscher Sprache ist als theoretische Ergänzung zu den grammatischen Teilen der einzelnen Lektionen und als vereinfachte Grammatik, die für sich allein zu benutzen ist, gedacht.

Es ist nun für den Lernenden am besten, wenn er gleich das Buch von der Rückseite aufschlägt und dort mit Lektion 1 beginnt.

Systematische Grammatik

Dieser Teil ist als Ergänzung zu den hinten im Buche beginnenden Lektionen gemeint. Der Lernende fange also zuerst dort an und greife nur zur Vertiefung oder wenn er etwas nicht gleich versteht auf diese systematische Grammatik zurück.

I

1. Schrift- und Lautlehre

Die persischen Schriftzeichen sind allgemein die arabischen, die die Perser mit der Annahme des Islam von den Arabern übernommen haben. Trotz der ursprünglichen Gemeinsamkeit ist im Laufe der Jahrhunderte die Schreibart der arabischen Schrift in Persien teilweise eine andere geworden. Zu den 28 arabischen Buchstaben haben die Perser noch 4 hinzugefügt, so daß die persische Schrift heute 32 Buchstaben umfaßt. Aus didaktischen Gründen sind die persischen Buchstaben in den ersten Lektionen nicht nach alphabetischer Reihenfolge geschrieben, sondern nach der Formähnlichkeit gruppiert. Das persische Alphabet in der üblichen Reihenfolge ist auf der Seite ۱۲ (12) zu finden. Das persische Alphabet kennt keine großen Buchstaben.

2. Derselbe Laut für verschiedene Buchstaben

Das Persische hat nach der Aussprache hin jeweils einige Laute, die im Arabischen konsequent unterschieden werden, in einen einzigen Laut zusammenfallen lassen. Die wissenschaftliche Transkription hat daher für verschiedene Buchstaben, die dieselben Laute kennzeichnen, ebensoviele Umschriftbezeichnungen. Da in diesem Buch die Buchstaben, die denselben Laut wiedergeben, mit nur einem Laut umschrieben werden, soll von der wissenschaftlichen Transkription wie folgt abgewichen werden:

Systematische Grammatik 13

Wissenschaftliche Transkription:

z = ز   s = س   ġ = غ   h = ه   t = ت
ẓ = ذ   ṣ = ص   q = ق   ḥ = ح   ṭ = ط
ẕ = ظ   s̱ = ث
ż = ض

In diesem Buch:

z   s   gh   h   t

3. Die Umschrift einiger Buchstaben

Aus didaktischen Gründen werden die folgenden persischen Buchstaben durch deutsche Buchstaben und nicht durch die wissenschaftliche Umschrift wiedergegeben: *dsch* (= ǧ) ج
tsch (= č) چ   *ch* (= ḫ) خ   *sch* (= š) ش

4. Vollständige und verkürzte Formen der Buchstaben

Zum Erlernen der persischen Schrift wollen wir in diesem Buche von der klassischen Vierteilung der Buchstaben in jeweils 4 Formen absehen. Die meisten Buchstaben haben nur 2 Formen. 10 Buchstaben haben nur eine Form: ا ر ژ ز د ذ
ظ ط ه و , während die 22 anderen Buchstaben in zwei Formen vorkommen, nämlich in der vollständigen und in der verkürzten Form. In den ersten Lektionen wird nur die vollständige Form gebraucht. Zu den verkürzten Buchstaben siehe Seite ۲۰ - ۲۵ (20—25).

5. Die Punkte der Buchstaben

Um eine Reihe von Buchstaben, die äußerlich dieselbe Form haben, zu unterscheiden, werden sogenannte diakritische Zeichen benutzt, die aus einem bis drei Punkten bestehen und über oder unter den betreffenden Buchstaben gesetzt werden, z. B.: ب *b*, پ *p*, ت *t*, ث *s*.
Bei falscher Setzung oder Weglassung der diakritischen Zeichen kann der Sinn eines Wortes verändert werden.

6. Die Aussprache der Laute, die dem Deutschen fremd sind

Von den persischen Lauten sind die folgenden der deutschen Sprache fremd: ژ : wie franz. „j" in „jour", ج wie engl. „j" in „journey", „job".

غ , ق : Diese beiden Buchstaben fallen in der Aussprache zusammen. Die Aussprache dieser Buchstaben läßt sich annähernd erreichen, wenn man den Laut „g" tief in der Kehle bildet. Beim Gurgeln hört man auch diesen Laut. Auf persisch heißt gurgeln „gherghere" غرغره , wobei dieses Wort nach dem Laut gh غ , den man beim Gurgeln hört, gebildet ist. Um die Artikulation der oben erwähnten Laute zu treffen, bedarf es ständiger Übung und wiederholten Hörens aus dem Munde eines Einheimischen.

7. Erläuterungen zu einigen weiteren Buchstaben

ا *alef*: Wenn dieser Buchstabe am Anfang eines Wortes steht, dann hat er als Vokalträger die Funktion von a, e oder o. Am Anfang eines Wortes kommt dieser Buchstabe auch als langes ā vor, gekennzeichnet durch ~ : *madd* = Dehnung über dem ا. Am Ende oder in der Mitte eines Wortes bedeutet ا immer langes ā wie in deutsch „Bahn", „Wagen".

ع *eyn*: Im Anlaut wird es als a, e oder o gesprochen. Innerhalb einer Silbe oder am Ende derselben ist es ein einfacher Stimmeinsatz (vgl. etwa deutsch „be-achten").

ه *h*: Dieser Buchstabe wird gewöhnlich wie „h" ausgesprochen. Am Wortende lautet er wie „e" (z. B. in deutsch „sehr").

و *(ou, w, u)*: Dieser Buchstabe ist verschieden auszusprechen; vgl. S. ۳ (3).

In einer Reihe von Wörtern wird و zwischen dem Konsonanten ch خ und dem langen Vokal ā ا geschrieben, aber nicht ausgesprochen, z. B.: *chāhar* خواهر Schwester; *chāndan* خواندن lesen; *chāhesch* خواهش Bitte.

Wie schon erwähnt, haben im Persischen einige Buchstaben, die im Arabischen unterschieden werden, denselben Lautwert. So werden ز, ذ, ظ, ض, wie „s" in deutsch „singen" ausgesprochen; س, ص und ث wie „ss" in deutsch „stossen"; ت und ط gelten als t, ه und ح gelten als h, und ع und ق als gh. Mit anderen Worten: Im Persischen sind die Laut-

unterschiede des Arabischen verschwunden. Die verschiedenen Buchstabenbezeichnungen für denselben Laut sind aber in der Schrift erhalten geblieben. Das erschwert natürlich im Persischen die Rechtschreibung. Bei den übrigen persischen Buchstaben sind im Vergleich zu den entsprechenden deutschen einige kleine Lautunterschiede vorhanden, die aber für die Aussprache nicht wesentlich sind.

8. Kurze Vokale:

Die persische Schrift verwendet drei Vokalzeichen:
- ◌َ klingt wie *a* und wird über den Konsonanten gesetzt;
- ◌ِ ist *e* und wird unter den Konsonanten gesetzt;
- ◌ُ wird wie *o* gesprochen und wird über den Konsonanten gesetzt.

Beispiele s. S. ۲ (2):
Beginnt ein Wort mit einem Vokal, so muß dieser durch „*alef*" ا gestützt werden, das heißt, „alef" dient als „Vokalträger", z. B.: اُردَک *ordak* Ente. Die Zeichen für die kurzen Vokale werden im allgemeinen nicht geschrieben und nicht gedruckt, z. B.: اردک *ordak* Ente.

In diesem Buch aber werden die Wörter zunächst mit Vokalzeichen versehen, so daß man die Wörter lesen lernt, um später die Wörter auch ohne Vokalzeichen lesen zu können.

9. Lange Vokale:

An langen Vokalen kennt das Persische *ā*, *ū* und *ī*. In der Mitte und am Ende eines Wortes wird das *ā* durch „alef" bezeichnet, *ū* durch „*wāw*" و , und *ī* durch *ye* (*je*) ی , z. B.: آزاد *āzād* frei, روز *rūz* Tag, دادی *dādī* du gabst.

Die langen Vokale *ī* und *ū* werden am Anfang eines Wortes durch die Verbindung ی + ا (ای = *ī*), bzw. و + ا (او = *ū*) bezeichnet, z. B.: این *in* dieses, او *ū* er, sie es . *ā* wird am Wortanfang durch „*alef*" ا + ◌ٓ „*madd*" (Dehnung: ◌ٓ) ausgedrückt, z. B.: آب *āb* Wasser.

10. Diphtonge:

Das Persische besitzt nur zwei Kurzdiphtonge: *ey* und *ou*, sowie einen Langdiphtong *āy* (*āj*). Beispiele: اِی *ey* o!, کِی *key*

wann?. دور *dour* Zeitalter; um ... herum. چای *tschäy* Tee. ای وای *ey wāy* ach! o weh!.

11. Verdoppelungszeichen (Taschdid): ّ

Das „*Taschdid*" über dem Konsonanten deutet an, daß dieser als Doppellaut zu lesen ist, z. B.: Doppel-„t" wie in deutsch „Bett-Tuch", Doppel-„k" etwa in deutsch „Rückkehr", usw. Der Konsonant erhält stärkeren Stimmdruck und hat längere Tondauer, z. B.: دّر *dor-r* Perle.

12. Interpunktionszeichen:

Der Punkt am Ende des Satzes, das Fragezeichen (umgekehrt gesetzt: ؟ = ?), Komma (umgekehrt gesetzt: ، = ,), Doppelpunkt, Punkt-Strich, Gedankenstrich usw. werden in der gleichen Weise wie im Deutschen verwendet (die Zeichen sind aus Europa übernommen).

13. Hamse ء : ءٔ:

Die Hamse dient im Persischen u. a.:
Zur Trennung zweier nebeneinanderstehender Vokale (Hiatus), z. B.: داﺋﯽ *dā-ī*, Onkel, Bruder der Mutter.
Zur Bezeichnung der „e-Verbindung" in Wörtern, die auf stummes ه h (d. h. kurzes *e*) endigen, z. B.: خانهٔ بزرگ *chāne-ye bozorg* großes Haus.

II

Wortlehre

14. Wortton:

Die letzte Silbe des Wortes wird fast ausschließlich betont. Beim Verb werden die Vorsilben می *mī* und بـ *be* und die Verneinung نـَ *na* bzw. نـِ *ne* betont.

15. Substantiv (Hauptwort):

In der persischen Sprache werden die Wörter nicht nach dem Geschlecht aufgeteilt. Sie kennt auch keine Artikel. Bei Tieren

kann man das Geschlecht mit den Bezeichnungen „männlich" (نر *nar*), „weiblich" (ماده *māde*) zum Ausdruck bringen. Durch Anfügen von ها *hā* oder manchmal auch آن *ān* bildet man den Plural. Daneben gibt es noch arabische Endungen für den Plural, die aber keine große Rolle spielen.
Wo das Deutsche einen Sammelbegriff (Kollektiv) im Plural bezeichnet, verwendet das Persische den Singular, z. B.: دارا درد دارد *dārā dard dārad* Darius hat Schmerz(-en).

16. Adjektiv (Eigenschaftswort):

Das Adjektiv bleibt unabhängig von Kasus (Fall), Genus (Geschlecht) oder Numerus (Zahl), d. h. es verändert sich nicht, z. B.: کتاب بزرگ — کتابهای بزرگ *ketābe bozorg* — *ketābhāye bozorg* großes Buch — große Bücher, دختر کوچک — پسر کوچک *dochtare kūtschek* — *pesare kūtschek* kleines Mädchen — kleiner Junge, کتاب قشنگ من — کتاب قشنگ مرا *ketābe ghaschange man* — *ketābe ghaschange marā* mein schönes Buch (Nominativ) — mein schönes Buch (Akkusativ).
Das Adjektiv in attributiver Stellung steht in der Regel hinter dem dazugehörigen Substantiv (Hauptwort). Das Verbindungs-*e* „ِ" verbindet das Substantiv mit dem Adjektiv, z. B.: اردک زرد *ordake zard* gelbe Ente. Mehrere Adjektive können auch durch die genannte *e*-Verbindung zusammenkommen, z. B.: اردک زرد قشنگ *ordake zarde ghaschang* gelbe, schöne Ente. Die *e*-Verbindung wird durch *rā* را nicht unterbrochen, z. B.: کتاب قشنگ را *ketābe ghaschang rā* das schöne Buch (Akkusativ).

17. Komparativ des Adjektivs (Steigerung des Eigenschaftswortes):

Die Komparation des Adjektivs wird durch die Endungen تر *tar* für den Komparativ und ترین *tarīn* für den Superlativ zum Ausdruck gebracht. Diese Endungen werden an das Adjektiv angehängt, z. B.: دراز, درازتر, درازترین *derāz*, *derāztar*, *derāztarīn* lang, länger, der, die, das längste.
In der Umgangssprache wird der Superlativ öfters durch das Voransetzen des Ausdruckes از همه *az hame* (von allen) vor das Adjektiv im Komparativ gebildet, z. B.: از همه درازتر *az hame derāztar* am längsten. Das „als" beim Komparativ wird durch از *as* ausgedrückt.

18. Deklination (Die Fälle)

Die Deklination geschieht nicht durch besondere Nominalformen, sondern durch syntaktische Mittel:
Der Nominativ ist im Persischen endungslos; er ist der reine Wortkörper.
Der Genetiv wird durch die *e*-Verbindung ausgedrückt, die das Bestimmungswort erhält.
Zur Bezeichnung des Dativs wird die Präposition به *be* verwendet, die dem Substantiv vorangestellt wird.
rā را ist das Zeichen für den Akkusativ. Wenn aber das Objekt unbestimmt ist, bleibt das *rā* weg, z. B.:

او آن اردک را آورد ، او اردک آورد

ū ān ordak rā āward er brachte jene Ente, *ū ordak āward* er brachte eine Ente oder Enten.

Die Endungen *em* oder *am* اَم , *et* oder *at* اَت , *esch* oder *asch* اَش , *emān* اِمان , *etān* اِتان , *eschān* اِشان , kommen in der Umgangssprache in dativer oder akkusativer Form häufig vor, z. B.: او بم (بمن) گفت *ū bem* (*beman*) *goft* er sagte mir, بستمش (او را بستم) *bastamesch (ū rā bastam)* ich habe ihn gebunden.

19. Besitzanzeigende Endungen:

Die Endungen اَم *am*, اَت *at*, اَش *asch*, اِمان *emān*, اِتان *etān*, اِشان *eschān*, werden an das Ende des Wortes angehängt, das den Besitzgegenstand ausdrückt, z. B.: کتابم *ketābam* mein Buch, سرت *sarat* dein Kopf, خانه اش *chāneasch* sein Haus, درختمان *derachtemān* unser Baum, شهرتان *schahretān* Ihre Stadt, اطاقشان *othāgheschān* ihr (pl.) Zimmer. Man kann auch den Besitz durch die *e*-Verbindung zusammen mit dem Personalpronomen (persönlichen Fürwort) ausdrücken, z. B.: کتاب من *ketābe man* mein Buch, سر تو *sare to* dein Kopf, خانه او *chānehe ū* sein Haus. In der Umgangssprache ist aber das Erstgenannte gebräuchlicher.

20. Infinitiv:

Der persische Infinitiv endigt auf تَن *tan*, z. B.: رفتن *raftan* gehen, دَن *dan*, z. B.: دادن *dādan* geben, oder ایدن *īdan*, z. B.: خریدن *charīdan* kaufen.

21. Personalendungen des Verbs:

Die Endungen اَم *am*, ای *ī*, اَد *ad*, ایم *īm*, اید *īd*, اَند *and* werden unabhängig vom Tempus (Zeit) — ob Präsens (Gegenwart), Imperfekt (Vergangenheit) oder Futur (Zukunft) — für alle Verben gebraucht. Sie kennzeichnen immer nur die Personen. Eine Ausnahme macht die 3. Person Singular im Praeteritum (einfache Vergangenheit), z. B.: رفت *raft* er ging, und im Imperfekt (Dauervergangenheit), z. B.: میرفت *mīraft* er pflegte zu gehen, wo der Imperfektstamm keine Endung annimmt.

Die Präsensform der Personalendung *ad* اَد für die dritte Person Singular wird gewöhnlich in der Umgangssprache zu *e* "ِ", z. B.: میکند = میکنِ *mikonad* = *mīkone* er macht.
Das Wort *ast* er, sie, es ist, bekommt in der Umgangssprache die Aussprache *e* "ِ", z. B.: او بزرگ است = او بزرگِ *ū bozorg ast* = *ū bozorge* er ist groß.
Die Personalendung *and* اَند für die dritte Person Plural bekommt in der Umgangssprache die Aussprache *an* اَن ; das gilt für alle Zeiten, z. B.: میدهند = میدن *mīdehand* = *mīdan* sie geben, دادند = دادن *dādand* = *dādan* sie gaben, خواهند رفت = خواهن رفت *chāhand raft* = *chāhan raft* sie werden gehen.

22. Präsens (Gegenwart)

Es gibt eine Reihe Verben, deren Präsensstamm man lernen muß, weil sie unregelmäßig sind z. B.: von زدن *zadan* schlagen, ist der Präsensstamm زن *zan*. Weitere Beispiele auf den Seiten: ۱۱۴ (114), ۱۱۸ (118), ۱۲۴ — ۱۲۵ (124—125), ۱۳۰ —۱۳۱ (130—131), ۱۳۴ (134), ۱۳۸ (138), ۱۴۱ (141). (Auf diesen Seiten sind aber auch einige regelmäßige Verben.) Bei den regelmäßigen Verben kommt man zu dem Präsensstamm, indem man die Infinitiv-Endung weg läßt, z. B.: خریدن — ایدن = خر *charīdan* — *īdan* = *char*. Vor diesen Präsensstamm tritt das Präfix (die Vorsilbe) *mī*. An den Präsensstamm wird die Personalendung angehängt, so daß z. B. von dem Stamm خر *char* die 1. Person Präsens Singular میخرم *mīcharam* ich kaufe, lautet. Die Vorsilbe می *mī* zieht den Wortton auf sich

Bemerkung: Die verschiedenen Formen vom Präsens sind mit Beispielen zusammengestellt. Siehe Seite ۹۲ (92).
Eine Reihe der regelmäßigen und der unregelmäßigen Verben werden in der Umgangssprache verkürzt und vereinfacht. Auf den Seiten ۱۴۴ — ۱۴۵ (144—145) sind die wichtigsten Verben angegeben, die in der Umgangssprache eine verkürzte Stammform erhalten.

23. Präteritum (einfache Vergangenheit):

Wenn man die Endung اَن *an* vom Infinitiv abstreicht und dafür die Personalendungen hinzufügt, erhält man das Präteritum.

24. Imperfekt (Dauerform der Vergangenheit):

Das Imperfekt wird gebildet, indem man das betonte Präfix *mī* می vor das Präteritum setzt, z. B.: می + رفتم = میرفتم, *mī* + *raftam* = *mīraftam* ich pflegte zu gehen.
Die verschiedenen Verbformen sind mit Beispielen auf den Seiten ۹۷ (97), ۱۰۳ (103) zusammengestellt.

25. Futur (Zukunft):

Das Futur wird durch das Hilfsverb خواستن *chāstan* gebildet. Als selbständiges Verb hat es die Bedeutung wollen, wünschen und wird im Präsens mit dem Präfix (der Vorsilbe) *mī* wie jedes andere Verb gebraucht. Als Hilfsverb aber zur Bildung des Futurs verliert es das Präfix *mī*. Das Verb, von dem das Futur gebildet werden soll, verliert die Endung *an* und tritt hinter das Hilfsverb. Auf Seite ۱۰۷ (107) sind Futurformen mit Beispielen zu finden.

26. Negation (Verneinung):

Unabhängig von der Verbform tritt das Präfix (Vorsilbe) *na* bei der Negation vor das Verb. Das Präfix *na* wird zu *ne*, wenn danach die Verbform mit der Silbe *mī* beginnt (Vokalharmonie). *Na*, *ne* ziehen den Wortton auf sich.

27. Imperativ (Befehlsform):

Der Imperativ wird wie der Konjunktiv (Möglichkeitsform) durch voransetzen der Silbe *be* vor den Präsensstamm gebildet.

Bei der 2. Person Singular bleibt die Personalendung fort, z. B.: vom Infinitiv خوردن *chordan* essen, wird der Imperativ gebildet: بخور *bechor*!, بخوريم *bechorīm*!, und بخوريد *bechorīd*!

28. Negierter Imperativ:

Der negierte Imperativ wird gebildet, indem anstatt des Präfixes *be* das Präfix *na* vor das Verb gesetzt wird, z. B.: نخور *nachor* iß nicht!.

29. Konjunktiv (Möglichkeitsform) Präsens:

Der Konjunktiv im Persischen wird gebildet, indem man zu dem Präsensstamm des Verbs das Präfix *be* hinzufügt. Dieses Präfix zieht den Wortton auf sich. Am Ende des Präsensstammes stehen wie beim Indikativ (Wirklichkeitsform) die Personalendungen, z. B.: كردن *kardan* tun (Infinitiv), كن *kon* (Präsensstamm), بكنم *bekonam* (Konjunktiv 1. Person Singular, Präsens).

In der persischen Sprache wird der Konjunktiv vor allem nach Verben angewandt, die einen Wunsch, ein Wollen, eine Absicht oder eine Ungewissenheit ausdrücken, z. B.: ممكن بودن *momken būdan* möglich sein, خواستن *chāstan* wünschen, wollen.

Ebenfalls erfordern eine Reihe Konjunktionen (Bindewörter) den Konjunktiv, z. B.: شايد *schājad* vielleicht, اگر *agar* wenn, تا *tā* damit, usw.

30. Partizip des Perfekts (Mittelwort der Vergangenheit):

Das Partizip Perfekti entsteht dadurch, daß man das *n*, auf das der Infinitiv auslautet, abstreicht, z. B.: خوردن (خورده *chordan chorde*. Beim Sprechen verwandelt sich das *a*, das vor dem *n* steht, zu *e* ِ und wird als *h* ه geschrieben, z. B.: خورده *chordeh* gegessen.

31. Perfekt (Vorgegenwart):

Das Perfekt wird gebildet, indem an das Partizip des Perfekts die Präsensformen des Hilfsverbs *būdan* sein, treten z. B.: خورده ام *chorde am* ich habe gegessen, خورده اى *chordeī* du hast gegessen, خورده است *chorde ast* er hat gegessen.

Bei der Perfektbildung wird nur das Hilfsverb *būdan* sein, benutzt. Bei der Übertragung ins Deutsche bekommt es je nachdem die Bedeutung von „sein" oder „haben".
In der Umgangssprache bekommt das Perfekt die Form des Präteritums(der einfachen Vergangenheit), indem der Auslaut *e* vom Partizip des Perfekts wegfällt, z. B.: كرده‌ام *karde-am* ich habe getan, wird zu كردم *kardam*. Der einzige Unterschied dabei ist die Betonung. Das Perfekt ist durch die Betonung der letzten Silbe zu erkennen, wogegen das Präteritum durch die Betonung der ersten Silbe gekennzeichnet ist, z. B.: كردم *kardam* — wobei die letzte Silbe -*dam* betont ist (ich habe getan), und كردم *kardam* — wobei die erste Silbe *kar-* betont ist (ich tat). Ausnahme ist die dritte Person Singular, die *karde* ausgesprochen wird.

32. Plusquamperfekt (Vorvergangenheit):

Durch die Zusammensetzung vom Partizip Perfekti (Mittelwort der Vergangenheit) *karde* getan كرده und dem Präteritum (der einfachen Vergangenheit) von بودن *būdan* sein, kann man für alle Verben das Plusquamperfekt bilden, z. B.: كرده‌بودی *karde būdi* du hattest gemacht.

33. Passiv (Leideform):

Wie im Deutschen wird das Passiv mit dem Hilfsverb „werden" *schodan* شدن und dem Partizip Perfekt gebildet, z. B.: خورده شد *chorde schod* es wurde gegessen. Das Passiv wird im Persischen nicht so häufig gebraucht wie im Deutschen. Statt der passiven Form benutzt man lieber die aktive Form (siehe Seite ۱۰۷ — ۱۰۸ (107—108).

34. Personalpronomina (persönliche Fürwörter):

Diese lauten: من *man* ich; تو *to* du; او *ū* er, sie, es; ما *mā* wir; شما *schomā* ihr, Sie; آنها *ānhā* jene = sie — manchmal auch ایشان *īschān* sie.
Da man bei jeder Verbform die Person an der Endung erkennen kann, wird das Personalpronomen im allgemeinen als Betonung der Personen benützt, z. B. پول داد *pūl dād* Geld gab er, im Gegensatz zu او پول داد *ū pūl dād* er gab Geld.

35. Reflexivpronomen (Rückbezügliches Fürwort):

Das Reflexivpronomen „selbst" heißt im Persischen خود *chod*. Dieses wird gewöhnlich mit den oben genannten (S. ۶۲ (62) besitzanzeigenden Endungen verbunden, z. B.: خودم *chodam* ich selbst, خودت *chodat* du selbst.

36. Interrogativpronomina (Fragefürwörter):

Die wichtigsten davon sind zusammengestellt auf Seite ۷۵ (75).

37. Demonstrativpronomina (Hinweisende Fürwörter):

Die wichtigsten sind auf Seite ۷۸ — ۷۹ (78—79) zu finden.

38. Indefinitpronomina (unbestimmte Fürwörter):

Die wichtigsten sind auf Seite ۸۱ (81) zu finden.

39. Konjunktionen (Bindewörter):

Die wichtigsten sind auf Seite ۸۳ — ۸۴ (83—84) zu finden.

40. Präpositionen (Verhältniswörter):

Die wichtigsten davon sind auf der Seite ۸۷ —۸۸ (87—88) zu finden.

41. Zahlwörter:

Die Zahlen werden von links nach rechts geschrieben.
Einige Zahlen werden mit der Hand anders geschrieben, als sie gedruckt werden. Das sind die Zahlen 4, 5 und 6 (gedruckt ۴,۵,۶, mit der Hand geschrieben ۴,۵,۶).
Man kann aus Grundzahlen Ordnungszahlen bilden, wenn man die betonte Endung ـم *om* zu Grundzahlen hinzufügt, z. B.: پنج *pandsch* fünf, پنجم *pandschom* der fünfte; هفت *haft* sieben, هفتم *haftom* der siebte. Eine Ausnahme macht اوّل *awwal* der erste.
Bemerkung: Das Hauptwort, welches einem Zahlwort folgt, steht immer im Singular, z. B.: سه کتاب *se ketāb* drei Buch (Bücher), دوازده سیب *dawāzda(h) sib* zwölf Apfel (Äpfel).
Die persischen Zahlwörter sind auf der Seite ۷۱ (71) zu finden.

فارسی
برای
آلمانی

(Persisch für Deutsche)

تألیف

دکتر فرهاد سبحانی

برلن ۱۹۶۲

ناشر: والتر دگرویتر و شرکاء

Anleitung für den Leser

Hier wird nun, wie in einem richtigen persischen Buch, von rechts nach links gelesen, und nach „rückwärts" geblättert. Doch vorher informiere man sich in der „Einleitung" (am entgegengesetzten Ende des Buches) über die Anlage des ganzen!

Die kleingedruckten Hinweise „Gr." in den Lektionen beziehen sich auf die „Systematische Grammatik", S. 12—23 des Buches.

Die Lektionen 1—23 (ab Lektion 18 nur Lesestücke), Lektion 41, 52, 61, 66 und Lesestück Seite 225—231 kann man auch von Schallplatten abhören. Sie sind zu einem Ladenpreis von 32,— DM erhältlich.

ا
Lektion 1

← Von rechts nach links lesen und schreiben

ذ	د	ژ	ز	ر	آ	ا
z	d	ž	z	r	ā	ā
wie ,s' in singen		wie ,j' in frz. ,jour'	wie ,s' in ,singen'	Bühnen- ,r'	im Anlaut	im Inlaut

Es wird immer die letzte Silbe betont

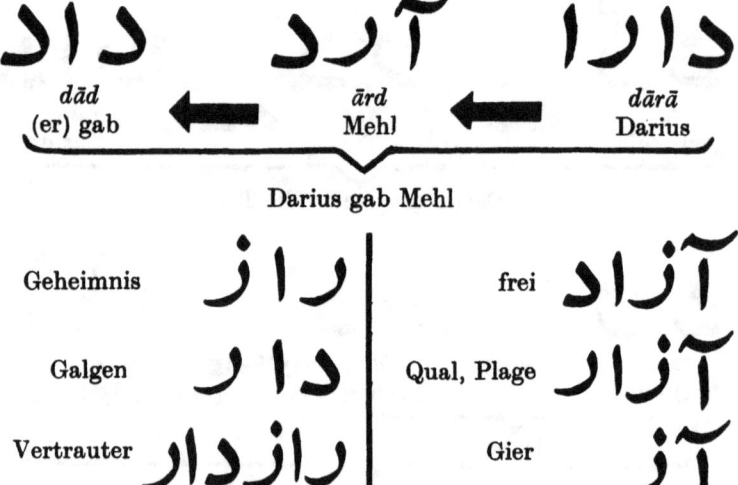

داد *dād* (er) gab ← آرد *ārd* Mehl ← دارا *dārā* Darius

Darius gab Mehl

Geheimnis	راز	frei	آزاد
Galgen	دار	Qual, Plage	آزار
Vertrauter	رازدار	Gier	آز

۲

Lektion 2

Für **kurze Vokale** steht ein Zeichen über oder unter dem vorangehenden Konsonanten. Steht dies Zeichen über dem ا, so wird nur der kurze Vokal ausgesprochen, das ا selbst aber nicht.

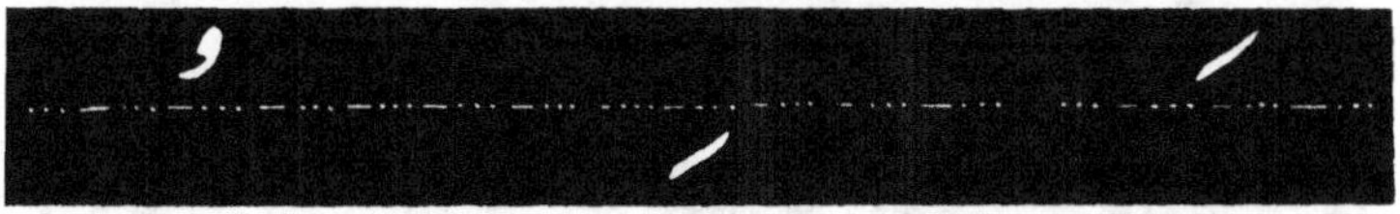

o	*e*	*a*

دُ	دِ	زَ	رُ	رِ	رَ
do	*de*	*za*	*ro*	*re*	*ra*
اُ	اِ	اَ	ژُ	ذِ	ذَ
o	*e*	*a*	*žo*	*ze*	*za*

زَد ← دَر ← دارا

zad	*dar*	*dārā*
(er) schlug	Tür	Darius

Darius klopfte an die Tür

زَد ← داد ← آذَر

zad	*dād*	*Āzar*
(sie) schlug	Geschrei	(weibl. Eigenname)

(sie) schrie

Āzar schrie

دارَد *dārad* (er) hat	←	دَرد *dard* Schmerz	←	دارا *dārā* Darius
دارَد *dārad* (sie) hat	←	راز *rāz* Geheimnis	←	آذَر *Āzar*

Lektion 3

Federzug beim Schreiben:

ظ	ط	ه
z wie ‚s' in ‚singen'	***t***	***h***

و

w Am Anfang einer Silbe	***ū*** nach Konsonant	***ou*** (Diphthong) zusammen mit vorhergehendem ُ (*o*)
دَوا *dawā* Arznei	روز *rūz* Tag	دُور *dour* Zeitalter

In Ausnahmefällen wird das و nicht ausgesprochen, dann steht in diesem Buch وْ: دُوْ *do* zwei.

۴

وَ	*wa*	und
دور	*dūr*	entfernt, weit
رود	*rūd*	Fluß
آوَرد	*āward*	er, sie, es brachte
وُرود	*worūd*	Eintritt
زور	*zūr*	Kraft, Macht
دود	*dūd*	Rauch

آذَر *Āzar*	دَر *dar* Tür	زَد *zad* (sie) schlug
وَ *wa* und	دَوا *dawā* Arznei	آوَرد. *āward* (sie) brachte
دارا *dārā*	دَوا *dawā* Arznei	داد. *dād* (er) gab
دارا *dārā*	اِرادِه *erādeh* Wille	دارَد. *dārad* (er) hat

۵

آذَر آرِزو دارَد.

ārezū
Verlangen

dārad

آذَر دَوا دارَد.

dawā

dārad

دَرد دَوا دارَد.

dard
Schmerz

دارا زور دارَد.

zūr
Kraft

دارا راه داد.

rāh
Weg

dād
(er) gab

Darius gab den Weg frei

آذَر زور داد.

zūr
Kraft

dād
(sie) gab

Āzar schob

ع

Lektion 4

خ	ح	چ	ج
ch	***h***	***tsch***	***dsch***
wie in ‚Nacht‘		wie in ‚deutsch‘	wie in engl. ‘job’

م	غ	ع
m	***gh***	Zeichen für Lautansatz wie vor ‚a‘ in ‚be-achten‘

Lange Vokale:

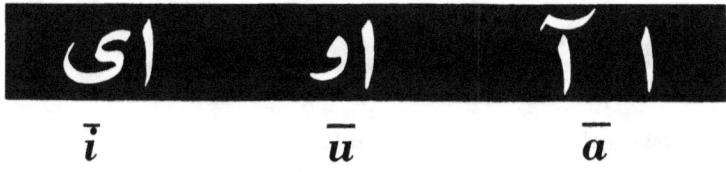

ای	او	آ ا
ī	***ū***	***ā***

٧

آدَم روح دارَد. آدَم

ādam Mensch — *rūh* Seele — *ādam* Mensch

آرِزو دارَد. او زور

ārezū Verlangen — *ū* er, sie, es

دارَد. او روزِه دارَد.

ū er, sie, es — *rūzeh* Fasten

آرِزو دارَم . دَر زَدَم

ārezū Verlangen — *dāram* ich habe — *zadam* ich klopfte

وَ آرد دادَم .

va und — *dādam* ich gab

او زود راه داد.

zūd schnell — (er, sie, es) ließ durch

٨

Lektion 5

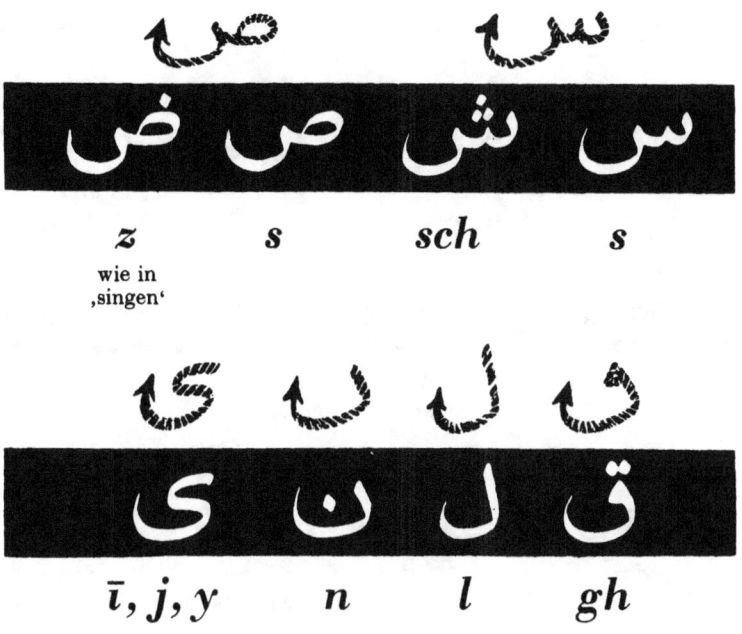

ض	ص	ش	س
z wie in ‚singen‘	*s*	*sch*	*s*

ی	ن	ل	ق
ī, j, y	*n*	*l*	*gh*

Verdoppelungszeichen

ّ

Tal *darreh* دَرِّه | Perle *dorr* دُرّ

۹

دَرس دارَم. وَرزِش

dars Unterricht — *dāram* ich habe — *warzesch* (gymn.) Übung

داری. دِل‌دَرد دارَد.

dārī du hast — *del-dard* Bauchschmerz(en) — (er, sie, es) hat

آن زَن اَرزَن آوَرد.

ān jene — *zan* Frau — *arzan* Hirse — *āward* (sie) brachte

آدَم اَرزِش دارَد.

ādam Mensch — *arzesch* Wert

آدَم دِل دارَد. او

del Herz; Bauch

آش آوَرد.

āsch Gemüsesuppe

Lektion 6

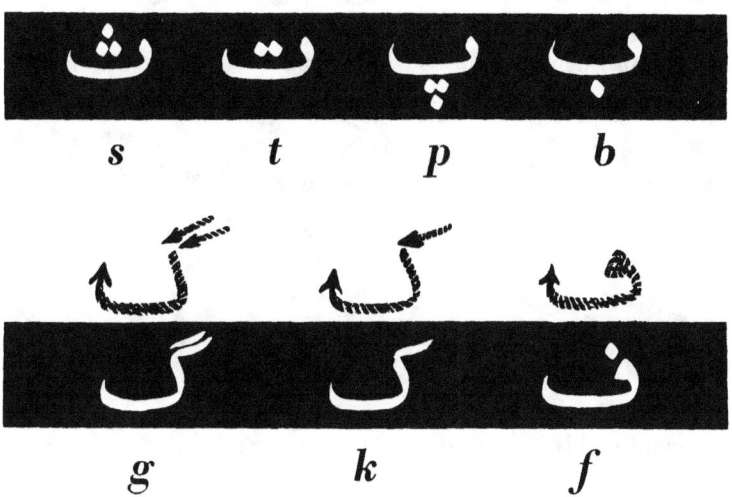

ث	ت	پ	ب
s	*t*	*p*	*b*

گ	ک	ف
g	*k*	*f*

Verschiedene Buchstaben für gleiche Laute:

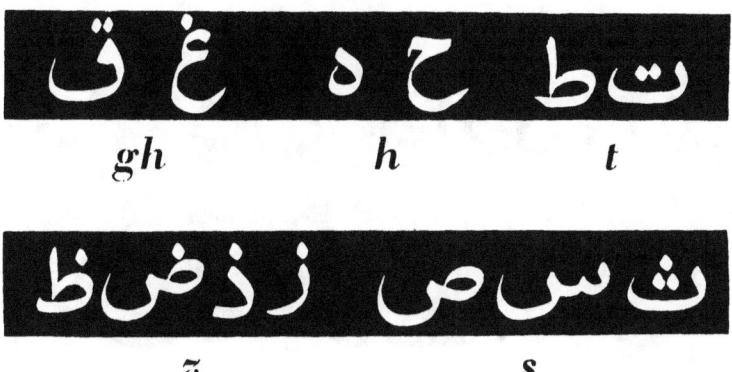

ق غ	ه ح	ط ت
gh	*h*	*t*

ظ ض ذ ز	ص س ث
z wie in ‚singen'	*s*

۱۱

آدَم رَگ دارَد. اُردَک
ordak — Ente
dārad — hat
rag — Ader

دُم دارَد. او دَه
dah — zehn
ū — er, sie, es
dom — Schwanz

دَوات آوَرد. او اَدَب
adab — Anstand
dawāt — Tintenfaß

دارَد. آن زَن دَوا
dawā — Arznei
zan — Frau
ān — jene

وَ آب آوَرد. آن زَن
āb — Wasser
wa — und

اَرزَن وَ ذُرَّت دارَد.
zorrat — Mais
arzan — Hirse

Das persische Alphabet

Gr. 1—7

← persische Buchstaben in alphabetischer Reihenfolge

ح	چ	ج	ث	ت	پ	ب	ا
he	*tsche*	*dschīm*	*se*	*te*	*pe*	*be*	*alef*
h	**tsch**	**dsch**	**s**	**t**	**p**	**b**	**ā**

ش	س	ژ	ز	ر	ذ	د	خ
schīn	*sīn*	*že*	*ze*	*re*	*zāl*	*dāl*	*che*
sch	**s**	**ž**	**z**	**r**	**z**	**d**	**ch**

ق	ف	غ	ع	ظ	ط	ض	ص
ghāf	*fe*	*gheyn*	*ʿeyn*	*zeyn*	*teyn*	*zād*	*sād*
gh	**f**	**gh**	**ʿ**	**z**	**t**	**z**	**s**

ی	ه	و	ن	م	ل	گ	ک
je	*he*	*wāw*	*nūn*	*mīm*	*lām*	*gāf*	*kāf*
ī,j,y	**h**	**ū,w,ou**	**n**	**m**	**l**	**g**	**k**

ـّ	ـُ	ـِ	ـَ
Verdoppelungszeichen	**o**	**e**	**a**

Zahlen von links nach rechts lesen und schreiben →

۰	۱	۲	۳	۴	۵	۶	۷	۸	۹	۱۰
0	*1*	*2*	*3*	*4*	*5*	*6*	*7*	*8*	*9*	*10*

Lektion 7

Die Zeichen für **kurze Vokale** werden im Persischen gewöhnlich nicht mitgeschrieben. Um also ein Wort mit kurzen Vokalen richtig lesen zu können, muß man es bereits kennen. Von dieser Lektion ab werden nun alle dem Leser bereits bekannten Wörter ohne die kurzen Vokale geschrieben.

درس دارم. زور داری.
ارزش دارد. آرد دادَم.
آب دادی. آش داد. دوا
آوَردَم. ارزن آوَردی.
اردک آورد. دَر زدم. داد
زَدی. در زد. آرزو دارم.
روزِه داری. دل‌درد دارد.
دارم. داری. دارد.

داری	du hast	آوَردی	du brachtest
دادی	du gabst	دادزَدی	du schriest
آوَردَم	ich brachte		

Lektion 8

In der Regel steht das **Verb** am Ende des Satzes. **Fragesätze** können wie im Deutschen ohne Umstellung einfach durch Heben der Stimme gebildet werden. Fragezeichen: ؟

آذر درس داد. آدم اِرادِه
دارد. درس ارزش دارد.
اَدَب ارزش دارد . دُزد
اَرِّه آوَرد . اردک دُم دارد؟
دود وَزن دارد؟ روح ارزش
دارد. آش آب دارد؟ رود
آب دارد. اردک رودِه دارد.
دارا زَن دارد. آن زن داس
دارد. او دَوات دارد .
دوزَخ دَر دارد ؟ آرِه !

دُزد	Dieb, Einbrecher	رودِه	Darm
اَرِّه	Säge	داس	Sichel
دود	Rauch	دوزَخ	Hölle
وَزن	Gewicht	آرِه	ja, jawohl

دَوازدَه	zwölf	دادَن	geben
دِراز	lang	آوُردَن	bringen
آزاد	frei	زَدَن	schlagen

Lektion 9

Die Zugehörigkeit zu einem Genitiv, Possesiv oder Adjektiv wird dadurch ausgedrückt, daß an das vorausgehende zugehörige Hauptwort ein *e* angehängt wird,

Genitiv: آزادیِ روح *Āzādīye rūh* Freiheit der Seele

Possesiv: روحِ او *rūhe ū* seine Seele

Adjektiv: روحِ آزاد *rūhe āzād* freie Seele. Das

Adjektiv steht immer nach dem Hauptwort, zu dem es gehört.

دارا درسِ آواز داد. او
روحِ آزاد دارد. روحِ آزاد

۱۶

ارزش دارد. دلِ او درد
دارد. آروارهِ او درد دارد.
او آرزوی آزادی دارد.
روحِ آدَم ارزش دارد.
آذر آبِ داغ دارد. اردک
دُم دِراز دارد؟

آزادی	Freiheit	آروارهِ	Kiefer
آزاد	frei	داغ	heiß
آواز	Gesang; Stimme	دِراز	lang

Lektion 10

وارِث آرزوی اِرث دارد.
دارا اردکِ اَرزان دارد.
دُزد درسِ دُزدی داد.

آدَم آدابِ اِزدِواج دارد. او اردکِ زَرد دارد. آذر آوازِ آرام دارد؟ اردکِ او دُم دارد؟ رود آبِ داغ دارد؟ دارا زنِ آرام دارد. زنِ او در زد؟ دارا دَوایِ دِلِ دَرد دارد. روحِ آذر آزادی دارد. اردکِ او دم دارد؟ روح آزادی دارد.

وارِث	Erbe	آداب	Sitten
اِرث	Erbschaft	اِزدِواج	Heirat
اَرزان	billig	زَرد	gelb
دُزدی	Diebstahl	آرام	ruhig

Lektion 11

Nachgestelltes را *rā* bezeichnet den **Akkusativ**, wenn das Objekt bestimmt ist.

او را آوَردَم. او را اَز آب
دَرآوَردَم. دارا آن آشِ داغ
را آوَرد. آن آدم دزدِ دُوْرو
را زَد. آن زن او را آوَرد.
دارا آن اردکِ زَرد را آورد.
آذر اردک را آزار داد. زنِ
دارا آبِ داغ را آورد. دارا
روحِ او را آزُرد.

او را	ihn	زَد	er, sie, es schlug
اَز	von, aus	آزارداد	er, sie, es quälte
دَرآوَردَم	ich habe herausgebracht	آزُرد	er, sie, es plagte
دُوْرو	unaufrichtig, heuchlerisch		

Lektion 12

Der **Akkusativ** bekommt kein را *rā*, wenn das Objekt unbestimmt ist.

او دَه دوات را آورد. او دَه دوات آورد. آذر آبِ داغ را داد. آذر آبِ داغ داد. دارا آن داس وَ اَرِّه را آورد. دارا داس و اَرِّه آورد. آن زن دَه اردکِ زرد را دارد. آن زن دَه اردکِ زرد دارد.

---

quälen	آزُردَن	lehren, unterrichten	دَرس دادَن
bringen	آوَردَن	schlagen	زَدَن
schreien	داد زَدَن	drücken, schieben	زور دادَن
herausbringen	دَر آوَردَن	aufhängen	دار زَدَن
an die Tür klopfen	دَر زَدَن		

Zu Lektion 13—16

Die meisten Buchstaben haben neben der vollständigen auch eine **verkürzte Form** deren Entstehen auf den folgenden Seiten gezeigt wird.

Verkürzte und unverkürzte Buchstaben können zu einem „Gebilde" zusammengeschrieben werden, wofür die Lektionen 13—16 eine Reihe von Möglichkeiten zeigen. Für das Schreiben in „Gebilden" gelten folgende Regeln:

1. Vollständige Buchstaben können nicht miteinander verbunden werden, mit Ausnahme von ط ظ ه

2. Am Anfang und in der Mitte eines „Gebildes" können alle verkürzten Buchstaben und dazu noch ط ظ ه stehen. Am Ende eines „Gebildes" kann jeder Buchstabe in vollständiger Form stehen.

3. Die Buchstaben ا د ذ ر ز ژ و können nicht gekürzt und nicht nach links gebunden werden. Ein „Gebilde" muß also mit ihnen seinen Abschluß finden.

Lektion 13

ث ثـ ثـ ثـ + ی = ثی ؛ ثی

ف فـ فـ فـ + ک = فک ؛ فَک

ک کـ کـ کـ + م = کم ؛ کَم

گ گـ گـ گـ + ل = گل ؛ گُل

باز پَر دارد. پِدَرِ تُوْ ثِرْوَت دارد. فَردا کار دارم. تُوْ تَب داری. آدم گوش دارد.

با	mit	پِدَر	Vater
پَر	Feder	ثِرْوَت	Vermögen, Reichtum
تُوْ	du	فَردا	morgen
کَم	wenig	کار	Beschäftigung, Arbeit
گُل	Blume	تَب	Fieber
باز	Falke	گوش	Ohr

Lektion 14

س سـ سـ سـ + ر = سر : سَر

ش شـ شـ شـ + ک = شک : شَک

ص صـ صـ صـ + ف = صف : صَف

ض ضـ ضـ ضـ + د = ضدّ : ضِدّ

ق قـ قـ قـ + و = قو : قو

ل لـ لـ لـ + ب = لب : لَب

ن نـ نـ نـ + ه = نه : نُه

ی ... یـ یـ + ک = یک : یِک

شَب تاریک اَست. او ضَرَر کَرد. گَردَنِ قو دِراز اَست. یِک قوری دارم.

سَر	Kopf
شَک	Zweifel
صَف	Reihe; Linie
ضِد	Gegensatz
قو	Schwan
لَب	Lippe
نُه	neun
یک	ein; eins
شَب	Abend, Nacht
تاریک	dunkel
اَست	er, sie, es ist
ضَرَر کَرد	er, sie, es erlitt Schaden
گَردَن	Hals; Nacken
قوری	Teekanne

Lektion 15

ج ﺟ ﺟ ﺟ + ا = جا : جا

چ ﭼ ﭼ ﭼ + ی = چی : چی

ح ﺣ ﺣ ﺣ + ب = حب : حَب

خ ﺧ ﺧ ﺧ + ر = خر : خَر

ع ﻋ ﻋ ﻋ + ط = عط : عط

غ ﻏ ﻏ ﻏ + م = غم : غَم

م ﻣ ﻣ ﻣ + ن = من : مَن

۲۴

جادوگَر جادو کَرد. چِراغ رُوشَن اَست. دُعا اَثَر دارد. غُرور بَد است. حالِ تُو خوب است.

جا	Ort, Platz	چِراغ	Lampe
چی (چه)	was	رُوشَن	hell
حَب	Pille	دُعا	Gebet
خَر	Esel	اَثَر	Wirkung
غَم	Gram, Kummer	غُرور	Stolz, Hochmut
مَن	ich	بَد	schlecht, böse
جادوگَر	Zauberer	حال	Befinden, Zustand
جادوکَرد	er, sie, es zauberte	خوب	gut

Lektion 16

ط + و = طو : طو

ظ + ن = ظن : ظن

ه + م = هم : هَم

این اُطو داغ است. هَوا سَرد است. این ظَرف کوچِک است.

ا د ذ ر ز ژ و

او با ما بود. خُدا خالِق است. خُروس پَر دارد. غَذا بَد بود.

هَم	auch	با	mit
این	dieser, diese, dieses	ما	wir
اُطو	Bügeleisen	بود	er, sie, es war
هَوا	Wetter	خُدا	Gott
سَرد	kalt	خالِق	Schöpfer
ظَرف	Gefäß; Topf	خُروس	Hahn
کوچِک	klein	غَذا	Nahrung, Speise

Lektion 17

In der Buchstabengruppe خوا wird das و nicht mit ausgesprochen. Die Aussprache ist also wie خا, *chā*.

Die **Hamse** ئ ، ء (vgl. auch Gr. 13) dient hier zur Trennung zweier nebeneinanderstehender Vokale (Hiatus): دائی *dā-ī* Onkel (mütterlicherseits).

اَقوام

بَرادَرِ تُوْ آمَد. مادَرِ مَن رَفت. خواهَرِ او چِراغ را رُوشَن کَرد. پِدَرِ تُوْ چِراغِ بَرق را خاموش کَرد. پِدَر و مادَرِ ما اَز بازار آمَدَند. خواهَر و بَرادَرِ مَن دَر خانِه بودَند. آن خانِه مالِ این زَن و شُوهَر است. خالِهِ ما سی سال دارد. دائیِ مَن جَوان است. دوستِ مَن ثِرْوَتِ زیاد دارد. عَروس

٢٧

و داماد عَروسی کَردَند.

اَقوام	die Verwandten
بَرادَر	Bruder
آمَد	er, sie, es kam
مادَر	Mutter
رَفت	er, sie, es ging
خواهَر	Schwester
چِراغِ بَرق	elektrische Lampe
بَرق	Elektrizität
خاموش کَرد	er machte aus
خاموش	aus, erloschen
پِدَر و مادَر	Vater und Mutter (Eltern)
اَز	aus; von
بازار	Bazar
آمَدَند	sie kamen
خواهَر و بَرادَر	Geschwister
دَر	in

خانِه	Haus
بودَند	sie waren
مال	Besitztum, Gut
شُوهَر	Ehemann, Gatte, Gemahl
زَن	Ehefrau; Frau
خالِه	Tante (mütterlicherseits)
سی	dreißig
سال	Jahr
دائی	Onkel (mütterlicherseits)
جَوان	jung
دوست	Freund
ثِرَوَت	Reichtum
زیاد	viel, übermäßig
عَروس	Braut
داماد	Bräutigam
عَروسی کَردَند	sie haben geheiratet

Lektion 18

وَقت

صَد سال یِک قَرن است. سال دَوازدَه ماه دارد. ماه سی روز است. حالا ساعَت شِش است. او اِمروز دَندان دَرد دارد. او پَریروز و دیروز سَردَرد داشت. تُو فَردا و پَس فَردا زیاد کار داری. امروز هَوا خوب است یا نَه؟ روز هَوا رُوشَن است. شَب هَوا تاریک است.

وَقت	Zeit	شِش	sechs
صَد	hundert	اِمروز	heute
قَرن	Jahrhundert	دَندان دَرد	Zahnschmerz(-en)
ماه	Monat; Mond	دَندان	Zahn
حالا	jetzt	پَریروز	vorgestern
ساعَت	Uhr; Stunde	دیروز	gestern

۲۹

سَرَدرد	Kopfschmerz(-en)	خوب	gut
داشت	er hatte	یا	oder
فَردا	morgen	نَه	nicht; nein
پَس‌فَردا	übermorgen	شَب	Abend; Nacht
زیاد	viel; zuviel	تاریک	dunkel
هَوا	Wetter		

گرامر

Gr. 20 und 23

1. **Infinitiv** auf دَن *-dan.* Bildung der **Vergangenheit** aus dem Infinitiv.

آمَدَن: من آمَدَم. تُوْ آمَدی. او آمَد.
کارکَردَن: من کارکَردَم. تُوْ کارکَردی. او کارکَرد.
خَریدَن: من خَریدَم. تُوْ خَریدی. او خَرید.
پاشُدَن: من پاشُدَم. تُوْ پاشُدی. او پاشُد.
دادَن: من دادَم. تُوْ دادی. او داد.

غَذا خُوْرْدَن: من غَذا خوردَم. تُوْ غَذا خُوْرْدی. او غَذا خُوْرْد.

2. Bildung des **Dativ** durch die Vorsilbe بِ *be-*: بَرادَر *barādar* Bruder, بِبَرادَر *bebarādar* dem Bruder.

من باو یک نامِه دادَم. تُوْ بِخْوْاهَرِ او دَست دادی.

گرامِر	Grammatik
آمَدَن	kommen
آمَدَم	ich kam
آمَدی	du kamst
آمَد	er, sie, es kam
کارِکَرْدَم	ich arbeitete
کارِکَرْدی	du arbeitetest
کارکَرْد	er arbeitete
خَریدَن	kaufen
خَریدَم	ich kaufte
خَریدی	du kauftest
خَرید	er, sie, es kaufte
پا شُدَن	aufstehen
شُدَن	werden
غَذا	Speise
خُوْرْدَن	essen
باو	ihm
نامِه	Brief
بِخْوْاهَرِ او	seiner (ihrer) Schwester
دَست دادی	du reichtest die Hand

Lektion 19

خُدا خالِقِ آدَم است
این قاضی خُداپَرَست است.
آن پِزِشک خُودپَرَست است.
دین بَرایِ زِندِگی لازِم است یا
نَه؟ شُوَهَرِ این خانُم دین‌دار است
یا بی‌دین؟ خُودپَرَست خُداپَرَست
است؟ خالهٔ من هَر روز دُعا
می‌خوانَد. دُعایِ آدَمِ پاک اَثَر دارد.

قاضی	Richter	خانُم	Dame
خُداپَرَست	Gottanbeter	دین‌دار	religiös; fromm
پِزِشک	Arzt	بی‌دین	gottlos, irreligiös
خُودپَرَست	Selbstanbeter	بی	ohne
خُود	Selbst	هَر	jeder, jede, jedes
دین	Religion	دُعا می‌خوانَد	er, sie, es betet
بَرایِ	für	می‌خوانَد	er, sie, es liest
زِندِگی	Leben	پاک	rein, sauber
لازِم	notwendig; nötig		

گرامر

Gr. 22

1. Bildung der **Gegenwart** durch die Vorsilbe **می** *mī-*. **Diese Vorsilbe wird betont, nicht die letzte Silbe.**

۱- زَمانِ حال

خوْاندَن: من حالا دَرس می خوانَم. تو نامه می خوانی. او روزنامِه می خوانَد

دادن: من فردا درس می دَهم. تو گوش می دَهی. او مِداد می دَهد.

خُوردَن: من امروز سَرما می خُورَم. تو شام می خُوری. او غَم می خُورَد.

شدن: من مریض می شَوَم. تو چاق می شَوی. او لاغر می شَوَد.

آمدن: من می آیم. تو می آیی. او می آید.

خریدن: من پارچِه می خرم. تو نان می خَری. او خُرما می خَرَد.

2. Bildung des **Plurals** durch Anhängen von ها *hā*
Interpunktion: Komma ،

۲- هاً

Gr. 15

خارجی، خارجی ها. ایرانی، ایرانی ها.
دین، دین ها. درس، درس ها.

3. Die Aussprache der Buchstaben ا (alef) und ......َ (kurzer Vokal *a*) ist sehr verschieden, die Verwechslungsmöglichkeit durch ungenaue Aussprache dieser beiden Buchstaben ist groß.

۳- فرق الف (ا) و ......َ

الف (ا)	کار	باد	ارزان	خار	سار	هار
......َ	کَر	بَد	ارزَن	خَر	سَر	هَر

زَمان	Zeit	می دَهم	ich gebe
حال	Gegenwart	گوش می دهی	du hörst zu
خوْاندَن	lesen	سَرما می خُورَم	ich erkälte mich
حالا	jetzt	غَم می خُورَد	er grämt sich
می خوْانَم	ich lese	چاق	dick
می خوْانی	du liest	لاغَر	mager, dünn
روزنامِه	Zeitung	نان	Brot
مداد	Bleistift	مریض	krank
شام	Abendessen	می شوم	ich werde
می خوری	du ißt	پارچه	Stoff

خُرما	Dattel	باد	Wind
خارِجی	Ausländer	اَرزان	billig
ایرانی	Iraner, Perser	خار	Dorn
دین	Religion	سار	Star
فَرق	Unterschied	هار	tollwütig
کَر	taub	سَگِ هار	toller Hund, tollwütiger Hund

Lektion 20

اَحوالپُرسی کَردَن

سَلام ، دوستِ عَزیز ! سَلام ، رَفیقِ مِهرَبان ! حالِ شُما چِطور است ؟ مِرسی ، بَد نیست . کُجا میرَوید ؟ میرَوَم مَنزِلِ عَمو . حالِ عَمویِ شُما چِطور است ؟ هَنوز مَریض است . عَمّهِ شُما چِطور است ؟ حالِ او بَد نیست . حالِ دُختَر و پِسَر و خانُمِ شُما خوب است ؟ بَلِه ، حالِ آنها خوب است .

۳۵

اَحوالپُرسی کَردَن	nach jemandes Befinden fragen
اَحوالپُرسی	Erkundigung nach jemandes Befinden
سَلام	guten Tag; Friede
دوست	Freund
عَزیز	lieb, teuer
رَفیق	Freund
مِهرَبان	gütig, lieb
حال	Zustand, Befinden
شُما	Sie
چِطور	wie?
مِرسی	danke schön!
نیست	ist nicht
کُجا؟	wohin? wo?
میرَوید	Sie gehen
میرَوَم	ich gehe
مَنزِل	Wohnung; Haus
عَمو	Onkel (väterlicherseits)
هَنوز	noch
مَریض	krank
عَمّه	Tante (väterlicherseits)
دُختَر	Tochter; Mädchen
پِسَر	Sohn; Junge
بَلِه	Ja
آنها	sie (Pl.)

"خواهِش می کُنَم بِمَن جَواب بِدَهید"

شما بَچّه دارید؟ بَچّه‌ها مَدرِسه میرَوَند؟ مَدرِسهِ آنها دور است یا نَزدیک؟ شما عَمو و عَمّه دارید؟ چَند خواهَر و بَرادَر دارید؟ حالِ

٣۶

پدرِ شما چطور است؟ پسرِ آنها هنوز تَب دارد؟ کی پیشِ دُکتر رفت؟ کِی سَرما خُوردید؟ خدا هَست؟ خدا عالِم است؟

خواهِش میکنم	ich bitte
خواهِش	Bitte
جَواب	Antwort
بِدَهید	geben Sie!
بَچّه	Kind
دارید	Sie haben
مَدرِسه	Schule
میرَوَند	sie gehen
دور	weit, entfernt
نَزدیک	nahe

چَند	wieviel
تَب	Fieber
کی؟	wer
پیشِ	zu; vor
دُکتُر	Arzt; Dr.
کِی	wann?
سَرما خُوردید	Sie erkälteten sich
سَرما	Kälte
هَست	existiert
عالِم	wissend

گرامر

١- زَمانِ حال
Gr. 22

داشتَن: ما چِشم داریم. شُما پول

دارید. آنها بچّه دارند.
گِرِفتَن: ما می‌گیریم. شما می‌گیرید.
آنها می‌گیرَند.
رَفتَن: ما خوابِ میرَویم. شما تُند
میرَوید. آنها یَواش میرَوَند.
خُوردن: ما میوِه میخُوریم. شما
ناهار می‌خُورید. آنها چای میخُورَند.

۲- زمانِ گُذَشتِه Gr. 23

کَردَن: ما کَردیم. شما کَردید. آنها کَردَند.
شدن: ما بیدار شدیم. شما پا شُدید.
آنها بی کار شدند.
بودَن: من مَدرِسِه بودَم. تو کُجا بودی؟
او آنجا بود. ما خُوش حال بودیم.
شما مِهرَبان بودید. آنها ناراحت
بودند.

داشتن	haben	کَردیم	wir taten
چشم	Auge	کَردید	Sie taten; ihr tatet
پول	Geld	کَردَند	sie taten
آنها	sie (Pl.)	بیدار	wach
گِرِفتَن	nehmen	پاشُدید	Sie standen auf
خواب میرویم	wir schlafen	بی کار	arbeitslos, ohne Arbeit
تُند	schnell	بودَن	sein
یَواش	langsam	کُجا؟	wo?
میوه	Obst	آنجا	dort
ناهار	Mittagessen	خوش حال	froh
چای	Tee	نا راحَت	unruhig
گذشته	Vergangenheit; vergangen	راحَت	ruhig

Lektion 21

ساعَت

آقا، ساعَتِ شما چَند است؟ هَشت و نیم است. ساعَتِ من یِک رُبع عَقَب است. شما شب کی می خوابید؟ من شب ساعَتِ دَه یا یازدَه می خوابَم.

۳۹

صُبح چه وَقت بیدار می‌شَوید؟ من ساعَتِ شِش بیدار میشَوم. ساعَتِ هَفت چائی می‌خُورَم. ساعَتِ یک بَعد از ظُهر ناهار می‌خُورم. شب ساعَتِ هَفت و نیم شام می‌خُورم.

ساعَت	Uhr; Stunde	یازده	elf
آقا	Herr	صُبح	morgens
چند	wieviel ?" wie spät ?	چه	welche, welcher, welches
هشت ونیم	halb neun, acht und halb	بیدارمیشَوید	Sie werden wach
هشت	acht	هَفت	sieben
نیم	halb	بَعد از	nach
رُبع	Viertel	ظُهر	Mittag
عَقب	zurück	شام	Abendessen
می‌خوابید	Sie schlafen; ihr schlaft		

" خواهِش می‌کُنم جَواب بدهید " ساعَت شما جِلو است یا عَقب؟ ساعَت او تُند کار می‌کند یا کُند؟

۴۰

ساعَتِ آنها خوب کار می کند یا نه؟
ساعت ده دَقیقِه بِه پَنج است یا
پَنج و دَه دَقیقِه ؟ شما پیش اَز ظهر
کار دارید یا بَعد اَز ظهر؟ حالا ظهر
است یا نه ؟ حالا نزدیک شب است
یا نزدیک نِصفِ شب ؟ شما کِی
می خوابید و کِی بیدار می شوید؟
شما کِی شام میخوُرید؟

جِلوُ	vor
تُند	schnell
کُند	langsam
دَقیقِه	Minute
بِ : بِه	bis, zu, vor
پَنج	fünf
پیش اَز	vor
نِصفِ شَب	Mitternacht

نِصف	halb; Hälfte
اِمشَب	heute abend
دیشَب	gestern abend
پَریشَب	vorgestern abend
فَرداشَب	morgen abend
پَس فَرداشَب	übermorgen abend
سِه	drei
چَهار	vier

گرامر

۱- زمانِ حال

حَرف زَدَن : ما حَرف میزَنیم.
زَنگ زَدَن : شما زَنگ میزَنید.
دَر زَدَن : آنها دَر میزَنند.
نِوِشتَن : مَن اِنشاء می نِویسَم.
تو نامِه می نویسی. او اَلِفباء می نِویسَد.

۲- زمانِ گذشته

پوشیدَن : ما کُت و شَلوار پوشیدیم.
شما کَفش پوشیدید. آنها لِباس پوشیدَند.

۳- زمانِ آیندِه

Gr. 25

دیدَن : مَن او را خواهَم دید.
شُدَن : تو بَعد اَز دُو سال دُکتُر خواهی شُد.
خواندن : او کِتابِ فارسی خواهَد خواند.
نِوِشتَن : ما هَفتِهِ آیندِه نامِه خواهیم نِوِشت.

۴۲

کارکردَن: شما پَس فَردا کار خواهید کرد.
رَفتن: آنها سالِ آیندِه بِطِهران خواهند رَفت.

sprechen, reden	حَرف زَدَن	sehen	دیدَن
läuten, schellen	زَنگ زَدَن	ich werde sehen	خواهَم دید
schreiben	نِوِشتَن	nach	بَعد اَز
Aufsatz	اِنشاء	Buch	کِتاب
Alphabet	اَلِفباء	persisch	فارسی
anziehen	پوشیدَن	nächste Woche	هَفتهِ آیندِه
Anzug	کُت و شَلوار	Woche	هَفتِه
Jacke	کُت	arbeiten	کارکَردَن
Hose	شَلوار	gehen	رَفتَن
Schuh	کَفش	nach Teheran	بِطِهران
Kleid	لِباس	Teheran	طِهران
Zukunft	آیندِه		

Lektion 22

ایران

طِهران پایتَختِ ایران است. ایران

بیست میلیون جَمعیَّت دارد. جَمعیَّتِ
طِهران دُوْ میلیون است. دَر تابِستان
هَوایِ جُنوبِ ایران خِیلی گَرم وَ خُشک
است. دَر زِمِستان هَوایِ شُمالِ ایران
سَرد است وَ مَرطوب. دَر بَهار شُمالِ
ایران خِیلی قَشَنگ است. در پائیز هَوایِ
طِهران کَم‌کَم سرد میشَوَد. هَوایِ طِهران
خُشک و سالِم است. جُمعِه دَر ایران
مِثلِ یِک شَنبِه دَر اُروپا تَعطیل است.

ایران	Iran	خِیلی	sehr
پایتَخت	Hauptstadt	گَرم	warm
بیست	zwanzig	خُشک	trocken
میلیون	Million	زِمِستان	Winter
جَمعیَّت	Bevölkerung	شُمال	Norden
دَر	in	سَرد	kalt
تابِستان	Sommer	مَرطوب	feucht
هَوا	Wetter, Luft	بَهار	Frühling
جُنوب	Süden	قَشَنگ	schön

۴۴

پائیز	Herbst	مِثلِ	wie
کَم کَم	allmählich	یِک شَنبِه	Sonntag
سالِم	gesund	اُروپا	Europa
جُمعِه	Freitag	تَعطیل	Feiertag, Ferien

„خواهش میکنم جواب بدهید"

ایران بُزُرگتَر است یا آلمان؟ جَمعیَّتِ آلمان چَند میلیون است؟ هوایِ بِرلَن خشک است یا مرطوب؟ فَصلِ پائیز بِهتَر است یا فَصلِ بَهار؟ دَر اِمریکا جمعه تعطیل است یا یک شنبه؟ در اِفریقا تابستان هوا گرم است یا نه؟ شما کُدام کِشوَر را بیشتَر اَز هَمِه دوست دارید؟

بُزُرگتَر	größer	بِهتَر	besser
آلمان	Deutschland	اِمریکا	Amerika
بِرلَن	Berlin	اِفریقا	Afrika
فَصل	Jahreszeit	کُدام	welcher, welche, welches

کِشوَر	Land	هَمه	alle
بیشتَر اَز هَمِه	am meisten (mehr als alle)	دوست دارید	Sie haben gern
بیشتَر اَز	mehr als		

گرامر

۱- نَفی

Verneinung durch Vorsilbe نَ *na*, vor می durch die Vorsilbe نِ *ne*. **Diese Vorsilben werden betont.**

من نِمیدانم اَمّا تو میدانی. تو نِمی خواهی اَمّا او میخواهَد. او نِمی نِویسَد اَمّا ما می نِویسیم. ما آنجا نَبودیم وَلی شما بودید. شما نَرَفتید وَلی ما رَفتیم. آنها مَریض نَشُدَند وَلی ما مَریض شُدیم. دانِستَن، نَدانِستَن. خواستَن، نَخواستَن.

۲- زمانِ گُذَشتِه

داشتَن: من کار داشتَم. تو حَق داشتی. او پول داشت. ما درس داشتیم. شما چِه داشتید؟ آنها وَرزِش داشتَند.

۳- زمانِ حال

نِوِشتَن : ما کاغَذ مینِویسیم. شما کِتاب مینِویسید. آنها مَقالِه مینویسَند.
کردن : من کار میکنم. تو خَرید میکُنی.
ما کار می‌کنیم. شما خَرید می‌کُنید.
بودن : من اینجا هَستم. تو آنجا هَستی.
آن کجا هَست؟ ما زَرَنگ هستیم. شما مُعَلِّم هَستید. آنها تَنبَل هَستند.

۴- زمانِ حال و آینده

خوٰاستَن : ما آزادی میخوٰاهیم. ما خوٰاهیم رَفت. کی ثِرَوَت میخوٰاهَد؟
من خوٰاهم نِوِشت.
گُفتَن : من میگویَم. من خوٰاهَم گُفت.
آنها میگویَند. آنها خوٰاهَند گُفت.

نَفی	Verneinung, Negation	اَمّا	aber
نِمیدانَم	ich weiß nicht	نِمی خوٰاهی	du willst nicht

نِمی‌نِویسَد	er schreibt nicht
آنجا	dort
نَبودیم	wir waren nicht
وَلی	aber
نَرَفتید	Sie gingen nicht; ihr ginget nicht
مَریض	krank
دانِستَن	wissen
خواستَن	wollen
داشتَن	haben
داشتَم	ich hatte
حَق	Recht
چِه	was

کاغَذ	Papier, Brief
مَقالِه	Artikel, Aufsatz
خَریدمی‌کُنی	du kaufst ein
اینجا	hier
هَستَم	ich bin
هَستی	du bist
هَست	er ist
زَرَنگ	fleißig
مُعَلِّم	Lehrer
تَنبَل	faul
گُفتَن	sagen

Lektion 23

فَرشِ ایرانی

قالی وَ قالیچِهِ ایران مَعروف است. فَرشِ ایرانی را با دَست دُرُست میکُنند. فَرشِ ایرانی خِیلی بادَوام است. قالی اَز صادِراتِ مُهِمِّ ایران است. جِنسِ

۴۸

قالیِ ایران پَشم است. گاهی هَم قالی و قالیچِه را اَز اَبریشَم دُرُست میکُنَند. فَرشِ ایرانی نَقشِه هایِ مُختَلِف دارد. رَنگِ بیشتَرِ قالیهایِ ایرانی ثابِت است.

فَرش	Teppich	جِنس	Material
ایرانی	persisch	پَشم	Wolle
قالی	Teppich	گاهی	manchmal
قالیچِه	Brücke	هَم	auch
مَعروف	bekannt	اَبریشَم	Seide
دَست	Hand	نَقشِه	Muster
دُرُست میکُنَند	sie fertigen an	مُختَلِف	verschieden
بادَوام	haltbar	رَنگ	Farbe
اَز	von	بیشتَرِ قالیها	die meisten Teppiche
صادِرات	Export-(artikel)	ثابِت	echt, beständig
مُهِم	wichtig		

"خواهش میکنم جواب بدهید"

فَرشِ ایرانی در آلمان مَعروف است؟

فَرقِ قالی و قالیچه چیست؟ شما در منزل قالیچهِ ایرانی دارید؟ جنسِ فرشِ ایرانی پَشم است یا اَبریشَم؟ قالیچهِ ایرانی کارِ دَست است یا کارِ ماشین؟ فرش ایرانی گِران است یا اَرزان؟ قالی ایرانی در ایران اَرزانتَر است یا در آلمان؟ فرش ایرانی بادَوام است یا بی دَوام؟

چیست	was ist	اَرزانتَر	billiger
ماشین	Maschine	بی دَوام	nicht haltbar, undauerhaft
گِران	teuer		

گرامر

Das Verb بودَن *būdan* „**sein**" hat zwei Anwendungsmöglichkeiten: einmal als Hilfsverb und einmal als selbständiges Verb im Sinne von „da sein", „vorhanden sein". Beim Hilfsverb entspricht das Präsens den Personalendungen, mit Ausnahme der 3. Person Singular اَست *ast*. Beim selbständigen Verb hat das Präsens eine eigene Form. Auch für die Negation besteht eine kleine Abweichung.

۱- زمانِ حال

بودن: من مُحَصِّلَم = من مُحَصِّل هستم .

تو کارگَری = تو کارگَر هَستی. او بُزُرگ است. ما مُهَندِسیم = ما مُهَندِس هَستیم. شما دُکتُرید = شما دُکتُر هَستید. آنها مَریضَند = آنها مَریض هَستَند.

۲- بودَن نَبودَن

هَستَم، هَستی، هَست، هَستیم، هَستید، هَستَند.

نیستَم، نیستی، نیست، نیستیم، نیستید، نیستَند.

مُحَصِّلَم	ich bin Student	هَستید	Sie sind; ihr seid
مُحَصِّل	Student	مَریضَند	sie sind krank
کارگَری	du bist Arbeiter	هَستَند	sie sind
کارگَر	Arbeiter	نیستَم	ich bin nicht
بُزُرگ	groß	نیستی	du bist nicht
مُهَندِسیم	wir sind Ingenieure	نیست	er, sie, es ist nicht
مُهَندِس	Ingenieur	نیستیم	wir sind nicht
هَستیم	wir sind	نیستید	Sie sind nicht; ihr seid nicht
دُکتُرید	Sie sind Arzt (Dr.); ihr seid Ärzte	نیستَند	sie sind nicht

Lektion 24

خُوْراکِ ایرانی

در ایران گوشت و بِرِنج و سَبزی و میوِه زیاد هست. سیب زَمینی خِیلی نیست و زیاد خُوْردِه نِمیشَوَد. گوشتِ گاو و گوسفَند بیشتر از گوشتِ خوک هست. در ایران بیشتر از سی نُوع چِلُوخُوْرِش هَست. خاویار و چِلُوکَبابِ ایران خُوْشمَزِّه و مَعروف است. در تابِستان در ایران هِندَوانِه و خَربُزِه و اَنگور زیاد و ارزان است.

خُوْراک	Speise, Nahrung	سیب زَمینی	Kartoffel
گوشت	Fleisch	خُوْردِه	gegessen
بِرِنج	Reis	نِمیشَوَد	wird nicht
سَبزی	Gemüse, Kräuter	گاو	Kuh, Rind
زیاد	viel	گوسفَند	Schaf, Hammel

خوک	Schwein	چِلوکَباب	gekochter Reis mit Kebab
نُوع	Sorte	خُوشمَزِه	schmackhaft
چِلوخُورِش	gekochter Reis mit Fleischgericht	هِندَوانِه	Wassermelone
چِلو	gekochter Reis	خَربُزِه	Melone
خاویار	Kaviar	اَنگور	Trauben

" خواهش میکنم جواب بدهید"
هِندَوانِه وخَربُزِه در آلمان پیدا میشَوَد؟
شما میوه دوست دارید؟ انگور بیشتر
دوست دارید یا سیب؟ سیب زمینی
بیشتر میخُورید یا بِرِنج؟ شیربِرِنج
دوست دارید؟ شیربِرِنج را باچه دُرُست
میکُنَند؟ شما میتَوانید خُوراک دُرُست کُنید؟
فرقِ چلو با برنج چیست؟ شما بعد از
ناهار چای میخُورید یا میوه؟ چای
پُررَنگ دوست دارید یا کَم رَنگ؟

پیدامیشَوَد	es ist zu finden	سیب	Apfel
پِیدا	sichtbar	شیربِرِنج	Milchreis

باچه؟	womit?	پُر	voll
پُر رَنگ	stark	کَم رَنگ	schwach

گرامر

1. Befehlsform. Gr. 27

۱- فِعلِ اَمر

بِرَویم! میوه بُخوْر! شام بُخوْرید! زیاد درس نَخوْانید! نااُمید نَشَویم! اَذیَّت نَکُن

2. Konjunktiv. Gr. 29

میخوْاهم (کِه) بِرَوَم. مُمکِن است (کِه) بِگوئید. مِیل دارَند (کِه) بِخوْانَند. اِمکان دارد (کِه) بِشَوَد. اَگَر شما بِدانید خوب است.

3. Akkusativ (Wiederholung; vgl. Lektion 11—12).

۳- "یک" ... "ای را"

یک بَچّه دیدَم. بَچّه‌ای را دیدَم کِه یک کتاب داشت. یک کتاب خوْاندم. کتابی

را خواندم کِه تو بمن دادی. او یک لِباس آورد. او لِباسی را آورد که من دوختم.

فِعل	Verb	بِرَوَم	ich gehe (Konj.)
اَمر	Befehl	مُمکِن	möglich
بِرَویم	gehen wir!	مِیل دارَند	sie haben Neigung, sie haben Lust
بُخُور	iß!	مِیل	Neigung
شام	Abendessen	اِمکان	Möglichkeit
نَخوانید	lesen Sie nicht; lest nicht!	بِشَوَد	es werde
نااُمید	hoffnungslos	اَگَر	wenn
اُمید	Hoffnung	بَچّه	Kind
نَشَویم	werden wir nicht!	بَچّه‌ای	ein (gewisses) Kind
اَذیَت	Belästigung, Qual	لِباسی	das (gewisse) Kleid
نَکُن	tue nicht!	دوختم	ich nähte
کِه	daß		

Lektion 25

راجع بایران

نُوروز بُزُرگتَرین عیدِ ایرانیهاست. عیدِ نُوروز اَوّلِ بَهار شُروع میشَوَد و

۵۵

دوازده روز طول میکِشَد. پَرچم ایران سَبز و سِفید و قِرمِز است. روی پَرچم عَکسِ یِک شیر است که شَمشیر در دَست دارد. دَر پُشتِ شیر خُورشید دیدِه میشود. آهَنگهایِ مَحلّیِ ایران قَشَنگ است. ایران بِخارِجه فَرش میفِرستَد و اَز خارِجه جِنسِ صَنعَتی و کارخانِه وارِد میکُنَد. در ایران مِثلِ آلمان لَهجِه هایِ مُختَلِف هَست.

راجِع بِه	über	سِفید	weiß
نُورِوز	Neujahrstag	قِرمِز	rot
بُزُرگتَرین	der, die, das Größte	روی	auf
عِید	Fest, Festtag	عَکس	Bild
اَوَّل	Anfang, erst	شیر	Löwe
شُرُوع میشَوَد	es beginnt	کِه	welcher, welche, welches
طول میکِشَد	es dauert	شَمشیر	Schwert, Säbel
پَرچَم	Flagge, Fahne	دَرپُشت	im Rücken, hinter dem
سَبز	grün	پُشت	Rücken, hinter

خُورشید	Sonne	صَنعَت	Industrie
دیدِه	gesehen	کارخانِه	Fabrik
آهَنگها	Melodien	وارِد میکُنَد	er, sie, es führt ein
مَحلی	örtlich	مِثلِ	wie
میفِرستَد	er, sie, es schickt (sendet)	لَهجِه	Mundart
صَنعَتی	industriell		

„خواهِش میکُنَم جَواب بدهید“
سَفَر کَردَن در ایران اَرزانتَر است یا در آلمان؟ پرچم ایران چِه رَنگ است؟ روی پرچم آلمان هم عَکس هست؟ از آلمان چه جنسی بخارجه میرود؟ کارخانه در آلمان بیشتر است یا در ایران؟ سفر بایران با تِرَن راحَت‌تر است یا با هَواپیما؟ شما میخواهید بایران بِرَوید؟ عید کریسمَس در تابِستان است یا در زِمِستان؟

سَفَر کَردَن	reisen	سَفَر	Reise

چه رَنگ	welche Farbe	راحَت	bequem, ruhig
تِرَن	Zug	هَواپیما	Flugzeug
راحَت‌تَر	bequemer	کریسمَس	Weihnachten

گِرامِر

1. Steigerung. Gr. 17

...«تر» ... «ترین»

بَد ، بَدتَر ، بَدتَرین = اَز هَمه بَدتَر.

قَشَنگ ، قَشَنگتَر ، قَشَنگتَرین = اَز هَمه قَشَنگتَر.

خوب ، بِهتَر ، بِهتَرین = اَز هَمه بِهتَر.

این گل قشنگ است. آن گل قشنگتر از این گل است. این گل اِز همه قشنگتر است. = این گل قشنگترین گلهاست.

2. Perfekt. Gr. 31

خوْاندن : من این کتاب را خوْانده‌اَم.

خُوْردن : تو امروز ظهر ناهار خُوْردِه‌ای.

تَمام کَردَن : او آن کار را تمام کردِه است.

نوشتن : ما باو نامه نِوِشتِه ایم .
خریدَن : شما چه خَریدِه اید ؟
رفتن : آنها دیروز یا پریروز رَفتِه اَند .
دادن : من باو درس داده ام .

3. Das Zeichen اً wird *an* ausgesprochen. Es ist eine arabische Endung.

من اَصلاً او را نَدیدَم .
او قَلباً تو را دوست دارَد .

۴- زمان گذشته با "می" Gr. 24

پدر شما هَمیشِه خیلی کار میکَرد .
برادرِ تو هَر روز دُعا میخوانْد .
او بَعضی وَقتها نامه مینِوِشت .

besser	بِهتَر	schlechter	بَدتَر
das Beste	بِهتَرین	das Schlechteste	بَدتَرین
ich habe gelesen	خوانْدِه اَم	das Schlechteste	اَز هَمه بَدتَر
du hast gegessen	خُورْدِه ای	schöner	قَشنگ تَر
beenden	تَمام کَردَن	das Schönste	قَشنگ تَرین

نِوِشتِه ایم	wir haben geschrieben
خَریدِه اید	Sie haben gekauft; ihr habt gekauft
رَفتِه اَند	sie sind gegangen
اَصلاً	überhaupt
نَدیدَم	ich sah nicht
قَلباً	von Herzen
دوست دارَد	er, sie, es hat lieb
هَمیشِه	immer
کار میکَرد	er, sie, es pflegte zu arbeiten
دُعا میخواند	er, sie, es pflegte zu beten
دُعا	Gebet
بَعضی وَقتها	manchmal
بَعضی	manche
وَقتها	Zeiten
وَقت	Zeit
مینِوِشت	er, sie, es pflegte zu schreiben

Lektion 26

دین در ایران

تَقریباً دُوْ هِزار و پانصَد سال پیش حَضرَتِ زَردُشت در ایران ظاهِر شُد. در ایران هَنوز زَردُشتی هست. در قَرنِ گُذَشتِه حَضرَتِ بَهاءُاللّه در ایران ظاهر شد و دینِ بَهائی را تَأسیس کَرد. هَدَف و تَعلیمِ این پیغَمبَرِ ایرانی وَحدَتِ عالَمِ اِنسانی و صُلحِ عُمومی است. بَهائیها

۶۰

می گویند که خدا خالِق است ، زِندِگی اِنسان اَبَدی است و هَدَفِ زِندِگی نَزدیکی بِخُداست .

Ziel	هَدَف	Religion	دین
Lehre	تَعلیم	ungefähr	تَقریباً
Religionsstifter; Prophet	پیغمبَر	tausend	هِزار
Einheit	وَحدَت	fünfhundert	پانصَد
Welt	عالَم	vor	پیش
menschlich	اِنسانی	Erhabenheit; Hoheit; Majestät	حَضرَت
Friede	صُلح	Zarathustra	زَردُشت
allgemein	عُمومی	offenbar	ظاهِر
Leben	زِندِگی	noch	هَنوز
Mensch	اِنسان	Anhänger von Zarathustra	زَردُشتی
ewig	اَبَدی	Bahā'u'llāh	بَهاءُالله
Nähe	نَزدیکی	Bahā'ī	بَهائی
		er, sie, es begründete	تَأسیس کَرد

" خواهش میکنم جواب بدهید "
در اِیران مُسَلمان بیشتر هست یا

مَسیحی ؟ کَلیمی هم در ایران هست یا نه ؟ حضرت بودا در کدام کشور ظاهر شد ؟ تعلیم حضرت بهاءالله چیست ؟ زردشتی بکدام پیغمبر ایمان دارَد ؟ مسلمان بکدام پیغمبر ایمان دارد ؟ تعلیم حضرت مَسیح چیست ؟ حضرت بهاءالله در کدام کشور ظاهر شد ؟ شما مسیحی هستید یا مسلمان و یا بَهائی ؟

مُسَلمان	Mohammedaner	ایمان دارَد	er, sie, es glaubt
مَسیحی	Christ	ایمان	Glaube
کَلیمی	Jude	مَسیح	Christus
بودا	Buddha		

گرامر

Gr. 19

1. **Possessivendungen** (besitzanzeigende Endungen)!

"ا ـ ...َم ...َت ...َش ...ِمان ...ِتان ...ِشان"

بَرادَرَم کُجاست ؟ بَرادَرِ من کجاست ؟

من پدرَت را دیدم. = من پدرِ تو را دیدم.
دَندانَش درد میکند. = دندانِ او درد میکند.
رفیقِمان آمَدِه است. = رفیقِ ما آمده است.
حالِتان چطور است؟ = حالِ شما چطور است؟
دُختَرِشان اینجا بود. = دختر آنها اینجا بود.

2. **Reflexivpronomen:** dies wird meist mit der Possessivendung verbunden.

۲- «خُوْد» Gr. 35

من خُوْدَم او را دیدَم. تو خُوْدَت بمن گُفتی. او خُوْدَش دَر مَنزِل بود. ما خُوْدِمان میدانیم. شما خُوْدِتان میدانید. آنها خُوْدِشان خواهَند آمد.

mein Bruder	بَرادَرَم	Ihr, euer Befinden	حالِتان
dein Vater	پدَرَت	ihre (Pl.) Tochter	دُختَرِشان
sein, ihr Zahn	دَندانَش	selbst	خُوْد
unser Freund	رَفیقِمان	ich selbst	مَن خُوْدَم

Lektion 27

Wie im Deutschen sind auch im Persischen die Druckbuchstaben verschieden von den Schreibbuchstaben. Die bisher erlernten Schriftzeichen sind die der Druckschrift, auf den folgenden Seiten wird in die Schreibschrift eingeführt.
Die Schreibbuchstaben sind gerundeter und abgeschliffener; sie neigen zu kurzen, schräg nach unten gezogenen Endungen, wo die Druckbuchstaben horizontal nach links enden.

فَرقِ بِینِ حُروفِ چاپی (۱)
و حُروفِ نِوِشتَنی (۲)

۱: ا ب پ ت ث

۲: ا ب پ ت ث

۱: ج چ ح خ د ذ

۲: ج چ ح خ د ذ

۱: ر ز ژ س ش

۲: ر ز ژ س س ش ش

۱: ص ض ط ظ

۲: ص ض ط ظ

۱: ع غ ف ق

۲: ع غ ف ق

۱: ک گ ل م

۲: ک گ ل م

۱: ن و ه ی

۲: ن و ه ی

بین zwischen | حروفِ نوشتنی Schreibbuchstaben
حروفِ چاپی Druckbuchstaben | حُروف Buchstaben

حَرف   Buchstabe

فَرقِ بِینِ حُروفِ چاپی (۱)،
و حُروفِ نِوِشتَنی (۲)

۱: ب پ ت ث ج چ

۲: ب پ ت ث ج چ

۱: ح خ س ش ص ض

۲: ح خ س ش ص ض

۱: ع غ ف ق ک گ ل

۲: ع غ ف ق ک گ ل

۱: م ن (ه) ی

۲: م ن (ه،ه) ی

Lektion 28

روزهایِ هَفتِه ، روزهایِ هَفتِه

شَنبِه ، شَنبِه یِک شَنبِه ، یِک شَنبِه

دُوشَنبِه ، دوشَنبِه سِه شَنبِه ، سِه شَنبِه

چَهار شَنبِه ، چَهار شَنبِه پَنج شَنبِه ،

پَنج شَنبِه جُمعِه (ـعـ = ع) ، جُمعِه (ـعـ = ع)

Dienstag	سِه شَنبِه	Woche	هَفتِه
Mittwoch	چَهارشَنبِه	Samstag	شَنبِه
Donnerstag	پَنج شَنبِه	Sonntag	یِک شَنبِه
Freitag	جُمعِه	Montag	دُوشَنبِه

اَمثال

اَمثال

از یک گُل بَهار نِمیشَوَد .

از یک گُل بَهار نمیشَوَد .

تَرس برادرِ مَرگ است .

تَرس برادرِ مَرگ است .

دِل بِدِل راه دارد .

دِل بِدِل راه دارد .

سَگ در خانه صاحِبَش شیر است .

سَگ در خانه صاحِبَش شیر است .

عَجَلِه کارِ شِیطان است .

عَجَلِه کارِ شِیطان است .

امثال	Sprichwörter	صاحبش	sein, ihr Besitzer
مثل	Sprichwort	صاحب	Besitzer
ترس	Angst	عجله	Eile
مرگ	Tod	شیطان	Satan, Teufel
سگ	Hund		

Lektion 29

سِتارِه شِناس

سِتارِه شِناس

ستاره شناس: من اِسمِ همه
ستاره شناس : من اسمِ همه
ستاره‌ها را خیلی خوب میدانم.
ستاره ها را خیلی خوب میدانم .
دوستِ او: تو دُروغ میگوئی،
دوستِ او : تو دروغ میگوئی ،
من باوَر نِمیکُنَم .
من باوَر نِمیکُنَم .
ستاره شناس: راست میگویم، بِپُرس
ستاره شناس : راست میگویم ، بِپُرس
و اِمتِحان کُن! اسمِ همه ستاره‌ها
و اِمتحان کُن ! اسمِ همه ستاره ها
را میدانم .
را میدانم .

دوست او: بگو اسمِ هَمسایِه تو
دوست او: بگو اسمِ هَمسایِه تو
چیست؟
چیست؟
ستاره شناس: نمیدانم.
ستاره شناس: نمیدانم
دوست او: کِسی کِه اِسمِ هَمسایِه
دوست او: کِسی کِه اِسمِ هَمسایِه
نزدیک را نمیداند، چطور اسم
نزدیک را نمیداند، چطور اسم
ستاره ها را میداند؟
ستاره ها را میداند؟

سِتارِه شِناس	Astronom	بِپُرس	Frage!
سِتارِه	Stern	اِمتِحان کُن	Prüfe!
اِسم	Name	بِگو	Sage!
باوَر نِمیکُنَم	ich glaube nicht, ich nehme nicht an	هَمسایِه	Nachbar
راست	richtig, wahr	کِسیکِه	derjenige, welcher

٧٠

خواهش میکنم جواب بدهید
خواهش میکنم جواب بدهید

ستاره شناس بدوست خود چه
ستاره شناس بدوست خود چه

گفت ؟ دوست ستاره شناس باو
گفت ؟ دوست ستاره شناس باو

چِه جَوابی داد ؟ ستاره شناس
چه جوابی داد ؟ ستاره شناس

اسم همسایه خُوْد را میدانِست؟
اسم همسایه خود را میدانست ؟

بهتر است که آدم اسم همسایه
بهتر است که آدم اسم همسایه

خُوْد را بداند یا اسم ستاره‌ها را؟
خود را بداند یا اسم ستاره ها را؟

چِه جَوابی was für eine Antwort | میدانِست er wußte

۷۱

گرامر

اَعداد

Gr. 41

صِفر	۰	چَهاردَه	۱۴	صَد	۱۰۰
یِک	۱	پانزدَه	۱۵	دِویست	۲۰۰
دُو	۲	شانزدَه	۱۶	سیصَد	۳۰۰
سِه	۳	هِفدَه	۱۷	چهارصَد	۴۰۰
چَهار	۴	هِجدَه	۱۸	پانصَد	۵۰۰
پَنج	۵	نوزدَه	۱۹	شِشصَد	۶۰۰
شِش	۶	بیست	۲۰	هفتصَد	۷۰۰
هَفت	۷	سی	۳۰	هشتصَد	۸۰۰
هَشت	۸	چِهِل	۴۰	نُهصَد	۹۰۰
نُه	۹	پَنجاه	۵۰	هِزار	۱۰۰۰
دَه	۱۰	شَصت	۶۰	کُرور	۵۰۰۰۰۰
یازدَه	۱۱	هَفتاد	۷۰	میلیون	۱۰۰۰۰۰۰
دَوازدَه	۱۲	هَشتاد	۸۰	نَوَدُ و دُو	۹۲
سیزدَه	۱۳	نَوَد	۹۰	چِهِلُ و پَنج	۴۵

اَعداد — Zahlwörter

اَوَّل — der erste

دُوُّم — der zweite

سِوُّم — der dritte

نُهُم — der neunte

نَوَدُ و دُوُّم — der zweiundneunzigste

هِزارُم — der tausendste

۷۲

گرامر

اعداد

صفر	۰	چهارده	۱۴	صد	۱۰۰
یک	۱	پانزده	۱۵	دویست	۲۰۰
دو	۲	شانزده	۱۶	سیصد	۳۰۰
سه	۳	هفده	۱۷	چهارصد	۴۰۰
چهار	۴	هجده	۱۸	پانصد	۵۰۰
پنج	۵	نوزده	۱۹	ششصد	۶۰۰
شش	۶	بیست	۲۰	هفتصد	۷۰۰
هفت	۷	سی	۳۰	هشتصد	۸۰۰
هشت	۸	چهل	۴۰	نهصد	۹۰۰
نه	۹	پنجاه	۵۰	هزار	۱۰۰۰
ده	۱۰	شصت	۶۰	کرور	۵۰۰۰۰۰
یازده	۱۱	هفتاد	۷۰	میلیون	۱۰۰۰۰۰۰
دوازده	۱۲	هشتاد	۸۰	نود و دو	۹۲
سیزده	۱۳	نود	۹۰	چهل و پنج	۴۵

اعداد	Zahlwörter
اوّل	der erste
دوّم	der zweite
سوّم	der dritte
نهم	der neunte
نود و دوّم	der zweiundneunzigste
هزارم	der tausendste

Lektion 30

پاسِبان و مَست

پاسبان و مست

پاسِبان : اِی مَست چه خُوردِه‌ای

پاسبان : ای مست چه خورده ای

که مَست شده ای ؟

که مست شده ای ؟

مَست : از این که در بُطری هنوز

مست : از این که در بطری هنوز

هست .

هست .

پاسبان : در بُطری چیست ؟

پاسبان : در بطری چیست ؟

مست : از آن که خُوْردِه اَم .

مست : از آن که خورده ام .

پاسبان : بیا بِرَویم زِندان .

پاسبان : بیا برویم زندان .

در خیابان نِمیشَوَد خوْابید .

در خیابان نمیشود خوابید

مست : نِمیشَوَد ! آگر من میتوانِستَم

مست : نمیشود ! اگر من میتوانستم

راه بِرَوَم ، میرَفتَم بِخانِهِ خُوْدم .

راه بروم ، میرفتم بخانه خودم .

پاسِبان	Polizist	خیابان	Straße
مَست	Betrunkener, betrunken	نِمیشَوَدخوْابید	man kann nicht schlafen
اِی	He, hallo	نِمیشَوَد	es geht nicht
بُطری	Flasche	راه بِرَوَم	ich gehe (Konj.)
بیا	komm!	میرَفتَم	ich würde gehen (Konj.)
زِندان	Gefängnis		

خوْاهِش میکنم جواب بدهید

خواهش میکنم جواب بدهید

پاسبان از مست چه پُرسید ؟

پاسبان از مست چه پرسید ؟

مست چه گفت ؟ در بطری چه

مست چه گفت ؟ در بطری چه

۷۵

بود ؟ او کجا خوابیده بود ؟

بود ؟ او کجا خوابیده بود ؟

مست رفت بزندان یا نَه ؟

مست رفت بزندان یا نه ؟

پُرسید	er, sie, es fragte

گرامر

Fragefürwörter

کو ؟	wo ? (wo ist es ?)
کُجا ؟	wo ? wohin ?
اَز کُجا ؟	woher ?
تا کُجا ؟	bis wohin ? wieweit ?
کِی ؟	wann ?
چِه مُوقِع ؟	wann ?
چِه وَقت ؟	wann ?
اَز کِی ؟	seit wann ?
تا کِی ؟	bis wann ? wie lange ?
کی (کِه) ؟	wer ?
بِکی ؟	wem ?
کی را ؟	wen ?
کیست ؟	wer ist ?
چِه (چی) ؟	was ?
چیست ؟	was ist ?
چِطُور ؟	wie ?
چِرا ؟	warum ?
بَرایِ چه ؟	wofür ?
چَند ؟	wieviel ?
چَند تا ؟	wieviel (Stück) ?
کُدام ؟	welcher, welche, welches ?
کُدامیک ؟	welcher, welche, welches ?

Lektion 31

سُلطان ومَسخَره

سلطان و مسخره

سُلطان: هوا خیلی گرم شده است.

سلطان: هوا خیلی گرم شده است.

بیا ای مسخره این پالتُو من را روی

بیا ای مسخره این پالتو مَن را روی

دوشِ خُوْدت بِگْذار.

دوش خودت بگذار.

پِسَرِ سُلطان: بیا این کُت و پالتُو

پسر سلطان: بیا این کت و پالتو

من را هم بِگیر.

من را هم بگیر.

سلطان: حالا اَندازِهِ بارِ یک خَر

سلطان: حالا اندازه بار یک خر

رویِ دوشِ تو است. دُرُست است؟

روی دوش تو است. درست است؟

مسخره: نَه، غَلَط است. رویِ دوشِ

مسخره : نه ، غلط است . روی دوش

من بیشتر از بار یک خَر است .

من بیشتر از بار یک خر است .

روی ِ دوش ِ بَندِه ِ شما بار ِ دُوْ خَر

روی دوش بنده شما بار دو خر

است .

است .

سُلطان	Sultan	أَندازِه	Maß, Größe
مَسخَره	Hofnarr, Clown	بار	Bürde, Last
پالتُو	Mantel	خَر	Esel
دُوش	Schulter	دُرُست	richtig, wahr
بِگُذار	lege!	غَلَط	falsch
بگیر	nimm!	بَندِه	Diener; Sklave

خوْاهش میکنم جواب بدهید

خواهش میکنم جواب بدهید

چرا سلطان پالتو را بمسخره داد؟

چرا سلطان پالتو را بمسخره داد ؟

پسر سلطان چه کرد ؟ سلطان

پسر سلطان چه کرد؟ سلطان بمسخره چه گفت؟ مسخره چه جوابی بسلطان داد؟ جواب او چطور بود؟ انسان در تابستان پالتو میپوشد؟ مسخره سؤال کرد یا جواب داد؟

Frage	سؤال	er, sie, es zieht an	میپوشد

گرامر

Hinweisende Fürwörter

jene (Mehrzahl)	آنها	dieser, diese, dieses	این
so	چنین	jener, jene, jenes	آن
so	چنان	diese (Mehrzahl)	اینها

هَمین	eben dieser	هَمینها	eben diese (Mehrzahl)
هَمان	eben jener	هَمانها	eben jene (Mehrzahl)

Lektion 32

ریشِ ملّا

زَنِ مُلّا: میگویَند خدا شِیطان را هم خَلق کَردِه اَست.

ملّا: درست است، امّا تا حالا او را کِسی نَدیدِه اَست...

(مُلّا میخوابَد و خواب میرَوَد و دَر خوابْ شِیطان را میبینَد)

شیطان: ملّا، تو با من چکار داری؟ تو میخواستی مرا بِبینی. حالا مرا خوب بِبین!

ملّا: تو دُشمَنِ بَشَر هستی. تو آدَم را فَریب میدَهی. اَلآن من ریشِ تو را میکَنَم...

٨٠

زن ملّا : ای ملّا ، چرا تو ریش خودت را میکنی؟ بیدار شو !

ریش	Bart
ملّا	Mulla (mohamm. Geistlicher)
میگویند	man sagt, sie sagen
خلق کرده است	er, sie, es hat geschaffen
تا حالا	bis jetzt
کسی	(irgend-)jemand
ندیده است	er, sie, es hat nicht gesehen
میخوابد	er, sie, es legt sich zum Schlafen hin
خواب میرود	er schläft ein
خواب	Schlaf
می بیند	er, sie, es sieht
چکار	welche Arbeit
دشمن	Feind
بشر	Mensch, Menschengeschlecht
فریب میدهی	du betrügst
الآن	gleich, jetzt
میکنم	ich reiße aus
بیدار شو	wach auf!

خواهش میکنم جواب بدهید

زن ملّا چه گفت؟ ملّا در خواب کی را دید؟ شیطان را هم خدا خلق کرده است؟ شیطان دوست انسان است یا دشمن انسان؟ شیطان را تا حالا کسی دیده است؟ ملّا در خواب ریش شیطان را کند

۸۱

یا نه ؟ چرا ملّا ریشِ خُوْدش را
کَند ؟ زن ملّا چرا ملّا را بیدار کَرد؟
شما شیطان را دیده اید یا نه ؟

wecken	بیدار کَردَن	wen	کی را
		er, sie, es riß aus	کَند

گرامر

Unbestimmte Fürwörter

alles	هَمه چیز	jeder, jede, jedes	هَر
nichts	هیچ چیز	wer auch immer	هَرکه
kein einziger	هیچیَک	jeder, jede, jedes, wer auch	هَرکَس
keiner, keine, keines	هیچکُدام	jeder, der; wer auch immer	هَرکَسیکِه
etwas	چیزی	ein jeder	هَریَک
der, die, das andere	دیگَر	was auch immer; alles, was	هَرچه
ein anderer	دیگَری	jemand	کَسی
die anderen	دیگَران	derjenige, welcher	کَسیکِه
einander	یِکدیگَر	diejenigen, welche	کَسانیکِه
einander	هَمدیگَر	niemand	هیچکَس
einige	چَند	nirgends	هیچ جا
jemand	شَخصی	alle	هَمه

Lektion 33

با شش نان چه میکنی ؟

جَعفَر : تو هَر روز شش نان میخَری،
بگو بمن با این شش نان چه میکنی ؟
حسن : یک نان را نِگَه میدارَم : بِزَنم
میدهم وخُوْدم میخُوْرم. یک نان را
دور میاَندازَم ،یَعنی بمادَر زَنَم میدهم.
دُوْ نان را پَس میدَهم .
جعفر : بِکی میدهی ؟
حسن : یعنی بمادر و پدرم میدهم.
دُوْ نان را قَرض میدَهم .
جعفر : بکی قرض میدهی ؟
حسن : یعنی به پسر و دخترم میدهم.

جَعفَر	männl. Eigenname	دورمیاَندازَم	ich werfe weg
هَر روز	jeden Tag	یَعنی	das heißt, es bedeutet
میخَری	du kaufst	مادَر زَن	Schwiegermutter
نِگَه میدارَم	ich behalte	پَس میدَهم	ich gebe zurück

بِکی wem — قَرض میدَهم ich verleihe

خواهش میکنم جواب بدهید

جعفر چه پرسید ؟ حسن چه جواب داد ؟ حسن چند نان قرض میدهد؟ بکی نان قرض میدهد ؟ حسن چند نان پس میدهد؟ حسن چند نان نگه میدارد ؟ نان خوب است؟ شما هم نان میخرید ؟ شما نان قرض میدهید ؟

گرامر

Bindewörter

وَ	und	چون	da, weil
اَگَر	wenn (Bedingung)	تا	damit, auf daß
اَگَرچه	obgleich	بَلکِه	sondern, vielmehr
مَگَر	etwa	هَم	auch
وَگَرنَه؛ اَگَرنَه	wenn nicht, sonst	یا	oder
کِه	daß	بَعد	danach
چونکِه	weil, denn	پَس	also, folglich, dann

هَمینکِه	sobald	هَم ... هَم	sowohl ... als auch
اَمّا	aber	یا ... یا	entweder ... oder
وَلی	aber	بَرای اینکِه	weil
دیگَر	außerdem	باوُجودِاینکِه	obwohl
نَه ... نَه	weder ... noch		

Lektion 34

پیشِ طَبیب

مَریض: آقای دکتر، دِلِ من خیلی دَرد میکند. بمن دَوا بِدَهید.
طَبیب: بگو امروز ظهر چه خُوْرده‌ای؟
مریض: امروز ناهار نانِ سوختهِ خُوْرده‌ام.
طبیب: بیا جِلُو تا چِشمِ تو را اِمتِحان کُنَم.
مریض: آقای دُکتُر، من چِشم دَرد ندارم، دل درد دارم.
طبیب: درست است، امّا اگر چشم تو سالِم بود، میتوانستی ببینی که نان سوخته است. آنوَقت نان سوخته نمیخُوْردی و حالا دل درد نداشتی: بیا جلو، چشم تو را میخوْاهم امتحان بِکُنَم.

پیش	bei	جِلُو	vor
طَبیب	Arzt	تا	damit
مَریض	der Kranke	سالِم	gesund
سوختِه	verbrannt	آنوَقت	dann

خواهش میکنم باین سؤالها جواب بدهید

مریض چرا رفت پیش طبیب ؟ مریض بطبیب چه گفت؟ این مریض دل درد داشت یا چشم درد؟ چرا دکتر میخواست چشم مریض را اِمتِحان کُند؟ چشم شما سالم است یا مریض ؟

Lektion 35

شاهِد را قاضی بایَد بِشِناسَد

عَلی: اَگَر پولِ مَرا پَس نَدَهی ،میروم پیشِ قاضی و شِکایَت میکُنَم.

حَسَن: برو پیش قاضی و شکایت کُن. تو بمن پول نَدادِه ای...

قاضی: حسن ، چِرا پول او را پس نمیدهی؟

حسن: او دروغ میگوید ، بمن اصلاً پول

نداده است .

قاضی : علی ،اگر شاهد داری ،بگو شاهد تو کیست ؟

علی :آقای قاضی ،شاهد من خداست . خدا میداند که راست میگویم .

قاضی: حسن چرا تو میخندی ؟ حرف او خَندِه نَدارَد .

حسن: خدا برای قاضی شاهِد نیست : شاهد را باید قاضی بشناسد .

شاهِد	Zeuge	حَسَن	männl. Eigenname
بایَد بشِناسَد	er, sie, es muß kennen	چِرا ؟	warum
بایَد	ich muß, du mußt usw. . . .	کیست ؟	wer ist ?
عَلی	männl. Eigenname	میخَندی	du lachst
اَگَر پَس نَدَهی	wenn du nicht zurückgibst	خَندِه	Lachen
شِکایَت میکُنَم	ich beschwere mich		

خواهش میکنم باین سؤالها جواب بدهید

علی بحسن پول دادِه بود یا از حسن پول گِرِفتِه بود ؟ چرا علی رفت پیش قاضی

و شکایت کرد؟ علی بقاضی چه گفت؟ قاضی بحسن چه گفت؟ حسن بقاضی چه جوابی داد؟ علی شاهد داشت یا نه؟ چرا حسن خندید؟ خدا برای قاضی شاهد است یا نه؟ قاضی خدا را میشِناسَد یا نه؟

دادِه بود	er, sie, es hatte gegeben	میشِناسَد	er, sie, es kennt
گِرِفتهِ بود	er, sie, es hatte genommen		

گِرامِر

Verhältniswörter

بالایِ	über	قَبل اَز	vor (zeitl.)
رویِ	auf	اَز	von, aus
تویِ	in	بَرایِ	für
دَر	in	بِه (بِ)	nach (Richtung)
زیرِ	unter	بِطَرَفِ	nach (in der Richtung)
بیرونِ	außerhalb	بی	ohne
جِلَو: پیشِ	vor (räumlich)	با	mit
پُشتِ	hinter	نَزدیکِ	nahe bei
دَمِ	nahe bei, dicht bei	میانِ	zwischen, unter
پَهلویِ	neben	بِینِ	zwischen, unter
دورِ	um, herum	بَعد اَز	nach (zeitlich)
پیش اَز	vor (zeitl.)	پَس اَز	nach (zeitlich)

۸۸

پائینِ unterhalb

Lektion 36

عَلامَتِ اَحمَق بودن

پدر: پسر جان چه میخوانی؟
پسر: پدر جان کِتاب میخوانم.
پدر: راجع به چِه مُوضوعی؟
پسر: راجع به اَحمَق.
پدر: راجع به احمق چه نِوِشتِه اَست؟
پسر: نوشته که احمق ریشِ بُلَند دارد.
پدر: پسر جان شَمع را بِدِه بمن!
پسر: پدر جان، میخواهی چکار بکنی؟
پدر: میخواهم ریشم را بِسوزانم که احمق نباشم ...
پسر: پدر، تو ریش وصورَت هَر دُو را سوزاندی.
پدر: در کتابت بِنِویس: «پدرم امتحان کرد و دید که علامت احمق بودن ریش بلند است».

عَلامَت	Zeichen	شَمع	Kerze
اَحمَق	dumm	بِدِه	gib!
جان	lieber; Leben, Seele	میخوامَم بِسوزانَم	ich will verbrennen
میخوانی	du liest	صورَت	Gesicht
چِه مُوضوعی	was für ein Thema	هَر دُو	alle beide
مُوضوع	Thema	سوزاندی	du hast verbrannt
نِوِشتِه اَست	er hat geschrieben	بِنِویس	schreib!
بُلَند	lang	دید	er sah

خواهش میکنم باین سؤآلات جواب بدهید

در کتاب آن پسر راجع به احمق چه نوشته بود؟ پدر به پسر خود چه گفت؟ در کتاب راجع به ریش بلند چه نوشته بود؟ پدر شمع را برای چه میخواست؟ پدر آن پسر فَقَط ریش خُوْد را سوزاند ویا ریش و صورت هر دُوْ را؟ چرا او ریش خُوْدش را سوزاند؟ پدر به پسر گفت که در کتاب چه بنویسد؟

سؤآلات	Fragen (Pl.)	فَقَط	nur
برای چِه؟	wofür? für was?		

Lektion 37

شِعرِ سلطان

سلطان : دیروز کار نداشتم یک شِعر گُفتَم. شعر را برای تو میخوانم.

وَزیر: خواهش میکنم بخوانید من گوش میدهم... (سلطان شعرش را میخواند)

سلطان: ای وزیر، بگو این شعر من بِنَظَرِ تو چطور بود؟

وزیر: بنظر من شعر شما خیلی بد بود.

(سلطان عَصَبانی میشود و وزیر را سه ماه حَبس میکُنَد. بعد از یک سال سلطان یک روز دُوبارِه شعر میگوید و آنرا برای وزیرش میخواند)

سلطان : بگو حالا این شعر بنظر تو خوب است یا بد؟

وزیر : ای سلطان خواهش میکنم اِجازِه بِدَهید خُدا حافِظی بِکُنَم.

سلطان : میخواهی بکجا بِرَوی؟

وزیر : میخواهم بزندان بِرَوَم.

شِعر	Gedicht	حَبس میکُنَد	er sperrt ein
شِعر گُفتَن	dichten	حَبس	Gefängnis
وَزیر	Minister	دوبارِه	nochmal
بِنَظَر	nach der Ansicht (Meinung)	اِجازِه بِدَهید	erlauben Sie
عَصَبانی	aufgeregt, nervös	خُداحافِظی کَردَن	sich verabschieden
ماه	Monat		

خواهش میکنم باین سؤالات جواب بدهید سلطان شعرش را برای کی خواند؟ بنظر وزیر شعر سلطان خوب بود یا بد؟ چرا سلطان وزیرش را حبس کرد؟ چند ماه وزیر در حبس بود؟ سلطان دُوباره شعر گفت؟ این شعر بنظر وزیر چطور بود؟ وزیر چرا میخواست از سلطان خداحافظی بکند و برود؟ وزیر میخواست بکجا برود؟ سلطان هم میتواند شعر بگوید؟ شما هم شعر میگوئید؟ چرا سلطان عصبانی شد؟ وزیر هم عصبانی شد یا نه؟

گرامر
زمان حال

خوانْدَن ـ میخوانَد: او امروز درس میخواند.
بِخوانَم: من میخواهَم روزنامه بِخوانَم.
بِخوان: تو این کتاب را بِخوان!
خوانْدِه میشَوَد: این نامه امروز خوانْدِه‌ـ
میشَوَد.
کُنان: خواهرِ شما خَندِه‌کُنان آمد. آن
بچّه گِریِه‌کُنان رفت.

دانِستَن ـ شما آلمانی میدانید؟ نه، من
آلمانی نمیدانم.
بودَن ـ شما خَستِه هستید؟ نه، من
خسته نیستم.
داشتَن ـ تو قَلَم خُودنِویس داری؟ نه،
من ندارم.
شِناختَن ـ تو او را میشِناسی؟ نه، من
او را نِمیشِناسَم.

خواندن lesen	گریه کنان weinend
میخواهم بخوانم ich will lesen	آلمانی deutsch
بخوان lies!	میدانید Sie wissen (können)
خوانده میشود es wird gelesen	خسته müde
کنان tuend, machend	قلم خودنویس Füllfederhalter
خنده کنان lachend	شناختن kennen

Lektion 38

کی بهترین خواب را دیده

کلیمی : از دیشب هنوز کمی حلوا داریم . برای سه نفر کم است .
مسیحی : بهتر است کسی که بهترین خواب را دیده حلوا را بخورد .
مسلمان : بسیار خوب ، رفیق بگو که دیشب تو چه خوابی دیدی ؟
کلیمی : من خواب حضرت موسی* را دیدم . با حضرت موسی در بهشت بودم . خیلی خواب خوبی بود . از غذای بهشت خوردم .
مسیحی : اتفاقاً منهم خواب حضرت مسیح

* mūsā

را دیدم . در آسِمان بودم . مثلِ نور شده بودم .

مسلمان : تَعَجُّب میکُنَم ! منهم در خوْاب حضرتِ مُحَمَّد را دیدم . حضرت محمّد گفت بِبین ، یک رفیق تو با حضرت موسیٰ رفته به بهشت و یک رفیق دیگر تو با حضرت مسیح بآسمان رفته . تو نه در بهشت هستی و نَه در آسمان . پا شُو و حَلوا را بُخوْر

کلیمی : حالا حلوا کجا ست ؟

مسلمان : من پاشدم و حلوا را خُوردم .

آسِمان	Himmel	ein wenig, ein bißchen	کَمی
نور	Licht	persische Süß-Speise	حَلوا
تَعَجُّب کردن	sich wundern	Person	نَفَر
مُحَمَّد	Mohammed	sehr gut, sehr wohl	بِسیار خوب
بِبین	sieh!	Moses	موسیٰ
نَه ... نَه	weder . . . noch	Paradies	بِهِشت
پا شُو	steh auf!	zufällig	اِتِفاقاً

خواهش میکنم باین سؤالات جواب بدهید

کلیمی خواب کی را دیده بود ؟ مسیحی در

خواب چِه کَسی را دیدِه بود؟ مسلمان چه خوابی دیده بود؟ حضرت موسیٰ و این شَخص کلیمی در کجا بودند؟ حضرت مسیح و آن شَخص مسیحی در کجا بودند؟ حضرت محمّد بآن مسلمان چه گفت؟ شخص مسلمان چکار کرد؟ کی بهترین خواب را دیده بود؟ حلوا را کی خُوردِه بود؟

چِه کَسی را	wen	شَخص	Person
دیدِه بود	er, sie, es hatte gesehen	خُوردِه بود	er, sie, es hatte gegessen

Lektion 39

بچّه باهوش

مادَر: بچّه جان، چرا دیشب در خوٰاب گریِه میکَردی؟

بچّه: مادَر جان، دیشَب خوٰابِ یک سگِ سیاهِ خیلی بزرگ را دیدم. من فَرار کَردَم، امّا آن سگِ سیاه عَقَبِ مَن کَرد. خیلی تَرسیدَم، گریه کَردم و از خوٰاب بیدار شُدَم.

مادر: بچه جان، اَهَمّیَت نَدارَد. دَفعهِ دیگر اگر خواب سگ دیدی نترس و فرار نکن. تو سگ را دُنبال کُن، آنوَقت سگ از تو میترسد و بعد فرار میکند.

بچّه: مادر جان، سگ هم مادر دارد. اگر مادَرش باو گفته باشد که در خواب از من نَتَرسَد و دنبال من بکند، آنوَقت چکار بکنم؟

- - - - - - -

"صد دوست کَم است و یک دُشمَن بِسیار"

es ist nicht wichtig	اَهَمّیَت نَدارَد	intelligent	باهوش
Wichtigkeit	اَهَمّیَت	du weintest	گریه میکردی
nächstes Mal	دَفعهِ دیگر	das Weinen	گریه
Mal	دَفعه	schwarz	سیاه
verfolge!	دُنبال کُن	ich floh	فرار کَردم
dann	آنوَقت	er, sie, es verfolgte mich	عَقَبِ مَن کرد
viel; sehr	بِسیار	ich fürchtete mich	تَرسیدَم

خواهش میکنم باین سؤالات جواب بدهید

چرا آن بچّه در خواب گریه کرده بود؟

مادرش از او چه پرسید؟ او چه جواب

داد ؟ سگی را که آن بچّه در خواب دیده بود ،سفید بود یا سیاه ؟ آن سگ از بچّه ترسید یا آن بچّه از آن سگ ؟ آن سگ بزرگ بود یا کوچک؟ مادرِ بچّه به بچّه خود چه گفت ؟ این بچّه بمادرِ خود چه جوابی داد ؟

کَردِه بود	er, sie, es hatte getan	خُوْد	eigen; selbst

گرامر

۱- زمان گذشته

خوْاندن- خوْاند : او نامه را گرفت و خوْاند.
میخوْاند : تو هر روز روزنامه میخوْاندی.
خوْانده اَست : من این مَجِلّه را خوْانده‌اَم.
خوْانده بود : وَقتیکه پیش او رفتم درسش را خوْانده بود .
میخوْاند : اگر او وقت داشت روزنامه میخوْاند.
خوْانده شُد : کاغذ شما را آوَردَند و خوْانده شُد .

۲- زمان حال

In der persischen Sprache werden Sätze wie „ich möchte schreiben“ in der Form von: „ich möchte, daß ich schreibe“

ausgedrückt. Aus diesem Grunde wird viel weniger der Infinitiv gebraucht als im Deutschen.

(من) میخواهم (که) بِرَوَم. (تو) میتوانی (که) بِنِویسی. (او) میرود (که) بگوید.
(ما) میخواهیم (که) بدانیم. (شما) باید (که) بخُوْرید. (آنها) ممکن است (که) بیایند.

میخواندی	du pflegtest zu lesen	میخواند	er, sie, es würde lesen
خوانده است	er, sie, es hat gelesen	آوردَند	sie brachten (man brachte)
مَجلِه	Zeitschrift	خوانده شُد	wurde gelesen
خوانده بود	er, sie, es hatte gelesen	میتوانی	du kannst
وَقتیکه	als, (in der Zeit, als)	بیایَند	sie kommen (Konj.)

Lektion 40

سلطان و غُلام

سلطان: ای وَزیر میدانی این چیست ؟
وزیر: بَلِه، اِی سلطان، این اَلماس است.
سلطان: قِیمَتِ این اَلماس چند است؟
وزیر: قِیمَتِ آن قِیمَتِ صَد مَن طَلاست.
سلطان: این اَلماس را بِگیر و آن را بِشکَن!

وزیر: من این کار را نخواهم کرد، چونکه من دُشمَنِ تو نیستم.
سلطان: ای شاعِر، تو بیا این را بِشکَن!
شاعر: ای سلطان من بِتُوْ ضَرَر نَخوْاهَم زَد.
سلطان: ای دانِشمَند تو بیا این اَلماس را بشکن!
دانِشمَند: حِیفِ این اَلماس است. تومیخوْاهی مرا اِمتِحان بکنی. این الماس را هَرگِز من نَخوْاهَم شِکَست.
سلطان: تو ای غُلام بیا و بگو این گُوهَر چند قِیمَت دارد.
غُلام: میگویَند خیلی ارزش دارد.
سلطان: این الماس را بگیر و بشکن!
(غلام الماس را میگیرد و با سَنگ آنرا میشکند)
وزیر: ای غلام تو خیلی اَحمَق هستی که الماس را شکستی.
غلام: احمق شخصی است که گُوهرِ اَمرِ سلطان را میشکند.
سلطان: ای غلام، تو شاه پَرست هستی و دیگران مادِه پَرست.

غُلام	Sklave	حِیف	schade
اَلماس	Diamant	هَرگِز	niemals
قِیمَت	Preis	گُوهَر	Juwel, Edelstein
مَن	drei Kilo	سَنگ	Stein
بِشکَن	zerbrich	اَمر	Befehl
شاعِر	Dichter	شاه‌پَرَست	Königverehrer
ضَرَر زَدَن	schaden, Schaden verursachen	مادِّه‌پَرَست	Anbeter der Materie
دانِشمَند	Gelehrter, Weiser	مادِّه	Materie

خواهش دارم باین سؤالات جواب بدهید

سلطان از وزیر خود چه پرسید؟ سلطان آن الماس را بکی نِشان داد؟ وزیر چه جوابی داد؟ قیمت الماس چِقَدر بود؟ چرا وزیر الماس را نشکست؟ آن وزیر دشمنِ سلطان بود یا دوستِ او؟ آن شاعر الماس را شکست یا نه؟ سلطان بغلامِ خود چه گفت؟ غلام گوهر را شکست یا نه؟ این غلام احمق بود یا عاقِل؟ امر سلطان بیشتر ارزش دارد یا اَلماس؟

نِشان داد	er, sie, es zeigte	عاقِل	weise, klug
چِقَدر	wieviel		

Lektion 41

از مَرگ نِمیشود فَرار کرد

حَضرَتِ سُلیمان: اِی جَوان تو از من چه میخواهی؟ چرا میلرزی؟
مَردِ جَوان: من امروز صبح عِزرائیل را دیدم. عِزرائیل هم مرا دید و تعجّب کرد. من خیلی ترسیدم.
حضرت سلیمان: بگو حالا از من چه میخواهی؟
مرد جوان: بِباد اَمر کُن من را از اینجا ببرد بِهِندوستان. آنجا عِزرائیل مَرا نِمیتَوانَد پِیدا بِکُنَد.
حَضرَتِ سُلیمان: بِسیار خوب، فردا تو در هندوستان خواهی بود...

(روزِ بَعد)

حضرت سلیمان: ای عزرائیل، چرا تو دیروز وقتیکه آن جوان را دیدی تعجّب کردی؟
عزرائیل: دیروز خُدا اَمر کرد که آن جَوان را در هِندوستان بِکُشَم. او را اینجا دیدم و فِکر کَردَم اگر این جَوان پَرَندِه بِشَوَد در

یک روز بهندوستان نمیرسَد. خیلی تعجّب کردم. امروز رفتم بهندوستان و او را دیدم و جانَش را گِرفتَم.

حضرت سلیمان: از دَستِ خدا نمیشود فرار کرد.

سُلیمان	Salomo
جَوان	Jüngling
میلرزی	du zitterst
عِزرائیل	Todesengel
اَمر کُن	befiehl
هِندوستان	Indien
پیدا بِکُنَد	er, sie, es findet (Konj.)
روزِ بَعد	am anderen Tag
بکُشَم	ich töte (Konj.)
پَرَندِه	Vögel
نمیرِسَد	er, sie, es erreicht nicht
جانَش را گِرفتَم	ich nahm seine (ihre) Seele, ich tötete ihn (sie, es)

خواهش دارم باین سؤالات جواب بدهید

انسان میتواند از مرگ فرار کند؟ آن جوان چه کسی را دیده بود؟ چرا آن جوان از عزرائیل ترسیده بود؟ این جوان از حضرت سلیمان چه میخواست؟ چرا میخواست که باد او را ببرد بهندوستان؟ عزرائیل او را پیدا کرد یا نه؟

گرامر

زمان گذشته

خوْاندن- خوْانْدِه شُدِه اَست: همه مجلّه ها خوْانْدِه شُدِه اَست.

خوْانْدِه شُدِه بود: وقتیکه من رسیدم نامه ها همه خوْانْدِه شُدِه بود.

خوْانْدِه میشُد: همیشه ساعت نه روزنامه ها خوْانْدِه میشُد.

خوْانْدِه میشُد: اگر زودتر آمده بودید همه نامه ها خوْانْدِه میشُد.

خوْانْدِه شُدِه. خوْانْدِه بودِه اَست. خوْانْدِه بودِه بود. خوْانْدِه.

es ist gelesen worden	خوانْدِه شُدِه اَست	gelesen worden	خوانْدِه شُدِه
es war gelesen worden	خوانْدِه شُدِه بود	er, sie, es hat gelesen gehabt	خوانْدِه بودِه اَست
es wurde (Dauerform: immer) gelesen	خوانْدِه میشُد	er, sie, es hatte gelesen gehabt	خوانْدِه بودِه بود
es wäre gelesen worden	خوانْدِه میشُد	gelesen	خوانْدِه

Lektion 42

= دانشمند ریشش را برای فِکر کَردَن میخواهد =

سلطان: ای دانشمند، تو دوست من هستی.

امّا یک عادَتِ بَدی داری، و آن اینست که تو ریش خودت را میکَنی. دَفعهِ دیگر اگر این کار را کردی باید بِرَوی بِحَبس.

دانشمند: اِطاعَت میکُنَم، دیگَر ریشَم را نِمیکَنَم.

سلطان: میخوْاهم که تو یک کتابِ تاریخ بِنِویسی، بگو چه لازم داری تا بتو بدهم.

دانشمند: برای نِوِشتَنِ این کتاب باید من بتوانم خوب فِکر بکنم.

سلطان: یک خانه با یک باغ بزرگ بتو میدهم.

دانشمند: کافی نیست.

سلطان: چند تا نُوکَر و کُلفَت هم بتو میدهم.

دانشمند: نُوکَر و کُلفَت نمیتوانند برای من فِکر بکنند.

سلطان: واضِح بگو چه میخواهی تا بتو بدهم.

دانشمند: من هر وقت بخوْاهم خوب فکر کنم، دستم میرود بریشم و ریشَم را میکَنَم: خواهش دارم که فقط ریشم را بمن بدهید.

فِکر کَردَن	denken	اِطاعَت میکُنَم	ich gehorche
عادَت	Gewohnheit	دیگَر نِمیکَنَم	ich rupfe nicht mehr
میکَنی	du rupfst	تاریخ	Geschichte

تا	damit	نُوکَر	Diener
نِوِشتَن	schreiben	کُلفَت	Dienstmädchen
باغ	Garten	واضِح	klar

خواهش دارم جواب این سؤالات را بدهید
عادت بد آن دانشمند چه بود؟ سلطان
باین دانشمند چه گفت؟ دانشمند چه جواب
داد؟ سلطان میخواست که دانشمند چه کتابی
برای او بنویسد؟ برای نوشتن کتاب تاریخ
دانشمند خانه و باغ لازم دارد؟ در وقت
فکر کردن دانشمند چکار میکرد؟ دانشمند
از سلطان چه میخواست؟

Lektion 43

رفیقِ کَر مریض شده است

کَر: رفیق، حالت بهتر شده است؟
رفیقِ کر: نه، حالم بدتر شده است.
نزدیک است که بِمیرَم.
کر: خُدا را شُکر که حالت بهتر شده

است . دو سه روز دیگر حالت خوب میشود . بگو رفیق دوا چه خُورده ای؟

رفیق کر : زهر خُورده ام که هَر چِه زودتر بمیرَم .

کر : دوای خیلی خوبی است . برای تو بهتر از این دوا نیست . راستی طبیب تو کیست ؟

رفیق کر : عزرائیل دکتر من است .

کر : در این شَهر از او بهتر دکتری نیست . هیچکس مثل او نمیتواند مریض را مُعالِجه بِکُنَد .

" هر دَردی را دَوائی است . "

بمیرَم ich sterbe (Konj.)	شَهر Stadt
خدا را شُکر Gott sei Dank	هیچکس keiner, keine, keines, niemand
زهر Gift	مُعالِجه کردن behandeln, heilen
هَرچِه زودتر so schnell wie möglich	دَوائی ein (gewisses) Heilmittel, eine Arznei

خواهش دارم جواب این سؤالات را بدهید

رفیق کر مریض بود یا سالم ؟ کر حرف

مریض را می‌شِنید ؟ حال مریض بهتر شده بود یا بدتر ؟ زهر برای انسان خوب است یا بد ؟ زهر انسان را سالم میکند یا مریض و یا آدم را میکُشَد ؟ مریض گفت که دکتر او عزرائیل است : راست میگفت یا دروغ ؟

شِنیدَن hören	کُشتَن töten

گرامر

۱- زمان آینده

خوْاندن : خوْاهد خوْاند : من این کتابها را خواهم خواند .

خوْانده خوْاهَد بود : وَقتیکِه شما بمنزل او بِرِسید ، او آن نامه را خوانده خواهَد بود .

خوْانده خوْاهَد شُد : نامه شما هم روزی خوانده خواهَد شُد .

۲- گذشته ، حال ، آینده

Gr. 33

Aktiv und Passiv

خُوْراک خُوْرده شد = خوراک را خُوْردند .

من دیده شدم = من را دیدند .
دزد گِرِفتِه خوْاهَد شُد = دزد را خوْاهند گِرِفت .
آنها کُشتِه خوْاهند شد = آنها را خوْاهند کُشت .
ما بُردِه میشَویم = ما را میبَرَند .
لِباس اُطو کَردِه میشود = لباس را اُطو میکنند .

خوانده خواهَد بود	er wird gelesen haben	کُشتِه	getötet
وَقتیکِه	wenn	بُردِه	fortgetragen, weggetragen
بِرِسید	Sie kommen an; ihr kommt an (Konj.)	لِباس	Kleid
خوانده خواهَد شُد	es wird gelesen werden	اُطوکَردِه	gebügelt
روزی	eines Tages	اُطو	Bügeleisen
گِرِفتِه	verhaftet, (fest-) genommen		

Lektion 44

دِرَخت هم میتواند شاهِد بشود

رُستَم : هِزار تومانِ من را کِی پس میدهی؟
بَهرام : کدام هزار تومان؟
رُستَم : دو ماه پیش تو از من هزار تومان قَرض کَردی .

بهرام: تو بمن اصلاً پول قَرض نَدادِه ای.
رستم: باهم در باغ بودیم، زیرِ آن درختِ بزرگ بِتو پول را دادم.
بهرام: اِشتِباه میکُنی، بشخص دیگر داده‌ای.
رستم: پس بیا برویم پیش قاضی.
بهرام: حاضِرَم، بیا بِرَویم...

در پیشِ قاضی

قاضی: رستم، شاهد تو کیست؟ رستم، تو کجا باو پول را دادی؟
رستم: من شاهد ندارم. در باغ زیرِ یک درختِ بزرگ باو پول را داده‌ام.
قاضی: رستم، بُرُو پیشِ درخت و بگو قاضی گفت بیا اینجا.
رستم: درخت آدم نیست و نمیتواند حَرف- بِزَنَد و راه بِرَوَد.
قاضی: تو دیگر حَرف نَزَن، بُرُو!

(یک ساعت است که رستم رفته و هنوز نیامده است.)

قاضی: باغ نزدیک است؛ چرا تا حالا رستم

نیامده است ؟
بهرام : باغ خیلی بزرگ است و درخت بزرگ در آخر باغ است ...
(رستم بَرمیگَردَد)
رستم : آقای قاضی ، درخت جواب نداد .
قاضی : چِرا ، درخت از دَهَنِ بَهرام جواب داد وگفت رستم راست میگوید ، چونکِه بهرام میداند درخت کجاست .

دِرَخت	Baum	حاضِرَم	ich bin bereit
رُستَم	männl. Eigenname	حَرف زَدن	reden, sprechen
تومان	pers. Währung (fünfzig Pf.)	بَرمیگَردَد	er kommt zurück
بَهرام	männl. Eigenname	بَرگَشتَن	zurückkommen
قَرض کردن	borgen, entleihen	چِرا	doch
باهَم	miteinander	دَهَن	Mund
زیر	unter	چونکِه	weil
اِشتِباه میکنی	du irrst dich		

خواهش دارم باین سؤالات جواب بدهید

رستم بکی پول قرض داده بود؟ کی از رستم پول قرض گِرِفتِه بود ؟ درکجا رستم هزار تومان به بهرام داده بود؟ چرا رفتند

پیش قاضی ؟ قاضی از رستم چه پرسید ؟ رستم شاهد داشت یا نه ؟ شاهد او کی بود ؟ قاضی برستم چه گفت ؟ رستم رفت پیش درخت یا نه ؟ بعد از یک ساعت قاضی چه گفت ؟ بهرام چه گفت ؟

قَرض گِرِفتَن	borgen, entleihen

اِسم ماهها Monatsnamen

فَرَوَردین : ۳۱ روز	21. März bis 20. April
اُردیبِهِشت: ۳۱ روز	21. April bis 21. Mai
خُرداد : ۳۱ روز	22. Mai bis 21. Juni
تیر : ۳۱ روز	22. Juni bis 22. Juli
مُرداد : ۳۱ روز	23. Juli bis 22. August
شَهریوَر: ۳۱ روز	23. August bis 22. September
مِهر : ۳۰ روز	23. September bis 22. Oktober
آبان : ۳۰ روز	23. Oktober bis 21. November
آذَر: ۳۰ روز	22. November bis 21. Dezember
دِی: ۳۰ روز	22. Dezember bis 20. Januar
بَهمَن : ۳۰ روز	21. Januar bis 19. Februar
اِسفَند : ۲۹ روز	20. Februar bis 20. März

Lektion 45

کی تو را در مَسجِد نِگاهداشتِه است؟

ارباب: امروز یک هفته است که من حَمّام نرفته‌ام. چمِدان را بَردار برویم حمّام.

نوکر: آقا، من میخواهم بِرَوَم مَسجِد نَماز و دُعا بِخوانَم.

ارباب: نه، نمیشود. من باید بروم حمّام. زود بیا برویم ...

نوکر: آقا، حالا نزدیک مسجدیم. اِجازِه بدهید بِرَوَم نَماز و دُعا بخوانم و بیایم.

ارباب: بسیار خوب، امّا زود بیا!

نوکر: نماز و دعا میخوانم و میآیم ...

ارباب: نیم ساعت است که تو در مسجدی، چرا نمیآئی که برویم؟

نوکر: آقا یک دَقیقِه صَبر کُنید، نِمیگُذارَد بیایم ...

ارباب: یک ساعت است که تو در مسجدی، بیا بیرون!

نوکر: نِمیگُذارَد که بیایَم.

ارباب : در مسجد کسی نیست کی نِمیگذارَد که تو بیرون بیائی ؟
نوکر : هَمان کَسی کِه شما را یکساعت بیرونِ مسجدش نِگاهداشتِه است .

مَسجد	Moschee	دَقیقه	Minute
نِگاهداشتِه	er hat gehalten (zurückgehalten)	صَبر کُنید	gedulden Sie sich, warten Sie!
حَمام	Bad, Badeanstalt	نِمیگذارَد	er läßt nicht (los)
چَمِدان	Koffer	بیرون آمَدَن	herauskommen, hinauskommen
بَردار	nimm weg, nimm mit!	هَمان کَسیکِه	derselbe, welcher
نَماز	tägliches Gebet	بیرون	draußen
نیم	halb		

خواهش میکنم باین سؤالات جواب بدهید

ارباب نوکر میخواست بکجا برود؟ نوکر ارباب میخواست چکار بکند؟ نوکر بمسجد رفت؟ رفت مسجد چه بکند؟ چرا یکساعت در مسجد بود و بیرون نیآمد؟ ارباب از نوکر خود چه پرسید؟ نوکر چه جوابی داد؟ بنظر شما جواب او درست بود؟ نوکر چند ساعت در مسجد بود؟

شما چند روز است که حمّام نرفته‌اید؟ شما هم برای دعا خوْاندن میروید به مسجد یا نه؟ شما هم در مسجد دعا و نماز میخوانید؟ دعا خواندن بنظر شما خوب است یا بد؟ شما مسیحی هستید یا مسلمان؟ ارباب این نوکر هم بمسجد رفت و دعا و نماز خواند؟

گرامر

فِعل

مَصدَر	ریشهِ فعل	مَثَل
شُدن:	شَو	ـ او بزرگ میشَوَد.
فروختَن:	فُروش	ـ من خانه را میفُروشَم.
گفتن:	گو	ـ تو چه میگوئی؟
دانستن:	دان	ـ ما میدانیم.
آمدن:	آی	ـ شما کی میآئید منزلِ ما؟
پُختَن:	پَز	ـ آنها دارند خوْراک میپَزَند.

فِعل	Verb	مَثَل	Beispiel
مَصدَر	Infinitiv	فروختَن	verkaufen
ریشِه	Stamm; Wurzel	پُختَن	kochen

Lektion 46

مَلّا با گاو صُحبَت میکُنَد

رفیق ملّا : امروز هوا خیلی خوب است. هوا آفتاب است وگرم.

ملّا : بیا برویم بیک ده نزدیک کمی گردِش بکُنیم.

رَفیق ملّا : پیشنَهادِ خوبی است : موافِقَم، بیا برویم ...

ملّا : این ده خیلی قشنگ است. همه جا سَبز است.

رفیق ملّا : ملّا، آن گاو را ببین، سرش را تِکان میدَهد و تو را صِدا میکُنَد. برو و بِپُرس چه میگوید.

ملّا : الآن میروم و از او سُؤال میکُنَم که چه میخواهد بگوید ...

رفیق ملّا : دیدم که با او حرف زدی. راست بگو، چه گفت ؟

ملّا : گفت : " چرا با خر گردِش میرَوی؟

صُحبَت میکُنَد	er spricht (unterhält sich)	آفتاب	Sonne, Sonnenschein

گَردِش کَردَن	spazieren gehen	صِدا میکُنَد	er ruft
پیشنَهاد	Vorschlag	بِپُرس	frage!
موافِقَم	ich bin einverstanden	سُؤال میکُنَم	ich frage
تِکان میدَهَد	er bewegt, schüttelt	گَردِش میرَوی	du gehst spazieren

خواهش میکنم بسؤالات زیر جواب بدهید

ملّا و رفیقش بکجا رفتند ؟ ملّا با پیشنهاد رفیق خود موافق بود ؟ آن ده قشنگ بود یا نه ؟ گاو کی را صدا کرد ، ملّا را و یا رفیق ملّا را ؟ رفیق ملّا بدوست خود چه گفت ؟ گاو بملّا چه گفت ؟ بنظر شما گاو میتواند حرف بزند ؟

Lektion 47

چرا خدا بانسان یک دَهَن داده است ؟

پدر : دَست را برای چه خدا بانسان داده است ؟

پسر : دست را برای کارکردن خدا بما داده است .

پدر : پا برای چه بانسان داده شده است ؟

پسر: پا برای راه رفتن است.
پدر: چشم وگوش برای چه خوب است؟
پسر: باچشم میتوانیم ببینیم و باگوش میتوانیم بِشنَویم.
پدر: دهن برای چکار است؟
پسر: دهن هم برای خُوْردن وهم برای حرف زدن است. راستی پدر، آدم دو گوش دارد امّا فقط یک دهان: با اینکِه گوش فقط برای شنیدن است و دهان برای خوردن و حرف زدن. بنظر من اصلاً باید انسان دو دهان داشته باشد: یک دهن برای حرف زدن و یکی هم برای خوردن. برای شنیدن یک گوش کافی است.

دَست	Hand	دَهان(دَهَن)	Mund
پا	Fuß	با اینکِه	obwohl
بِشنَویم	wir hören (Konj.)	کافی	genug, genügend
هَم...هَم	sowohl . . . als auch		

خواهش میکنم جواب بدهید

انسان چند دست و پا دارد؟ با دست

چکار میشود کرد؟ پا برای چیست؟ با گوش میشود شِنید؟ با دندان انسان چه میکند؟ چرا آدم دُوگوش دارد، امّا فقط یک دهان؟ شاید برای اینست که انسان بتواند بیشتر بشنود وکَمتَر حرف بزند: بنظر شما این حرف درست است یا غلط؟

شِنید	er hörte	کَمتَر	weniger
شایَد	vielleicht		

گرامر

فعل

مصدر	ریشه فعل	مثل
توانِستَن :	تَوان	– شما میتَوانید کار کنید.
چیدَن :	چین	– من گل می چینَم.
خریدن:	خَر	– تو نان میخری.
خواستن:	خواه	– او کتاب میخواهد.
رَفتَن :	رُو	– ما بدانشگاه میرَویم.
داشتن :	دار	– آنها درس دارند.

تَوانِستَن	können	رَفتَن	gehen
چیدَن	pflücken		

Lektion 48

بچه مال کیست؟

زن : این بچه من است نه بچه تو .

مادر : تو میخواهی بچه مرا بِدُزدی .

زن : اگر دَست به بچه بِزَنی، میروم پیش حضرت سلیمان و شکایت میکنم .

مادر : ای مَردُم بمن کُمَک کُنید : این زن طِفلِ مرا گرفته و میخواهد باخود بِبَرَد .

زن : با داد و فَریاد بچه‌ام را بتو نمیدهم، بیا برویم پیش حضرت سلیمان ...

مادر : ای حضرت سلیمان ، این بچه من است : این زن بچه مرا گرفته و نمیدهد.

زن : دروغ میگوید ،این بچه من است نه بچه او .

حضرت سلیمان : مِثلِ اینکِه این بچه دو مادر دارد . من الآن با این شمشیر این طفل را دو قِسمَت میکنم : نصف برای این مادر

و نصف برای آن مادر .
زن : تو سلطان هستی ، هر کار بکنی درست است .
مادر : ای حضرت سلیمان ، طفل را نَکُش ، بِدِه باین زن . من بچه خُودم را میدهم باو .
حضرت سلیمان : تو طفل را باو می بَخشی ! تو حاضِر نیستی که طفل را دو قسمت بکنم : مَعلوم است که فقط تو مادر این بچه هستی . بچه مال تو است .

دُزدیدَن	stehlen, rauben
دَست زَدَن	anfassen
مَردُم	Leute
کُمک کُنید	helfen Sie!
طِفل	Kind
بُردَن	forttragen (mitnehmen)
داد وَفریاد	Geschrei
فَریاد	Schrei
مِثلِ اینکِه	es scheint so, als ob
قِسمَت	Teil
نَکُش	töte nicht
بِدِه	gib!
می بَخشی	du schenkst
حاضِر نیستی	du bist nicht bereit
مَعلوم	klar

خواهش میکنم جواب بدهید

بچه مال آن زن بود یا مال آن مادر ؟
آن زن میخواست بچه را بدزدد ؟ آنها

پیش کی رفتند؟ حضرت سلیمان میخواست بچه را دو قسمت بکند؟ مادر بچه بحضرت سلیمان چه گفت؟ حضرت سلیمان چطور فهمید که بچه مال آن مادر بود و نه مال آن زن؟

Lektion 49

حِکایَتِ نُخُوْد و دختر زیبا

نُخُوْد : تو دختر قشنگ و مهربانی هستی. خواهش میکنم مرا با خودت ببر.

دختر : منهم تو را دوست دارم. بیا تا ترا توی دیگ بِریزَم و بِپَزَم.

نُخُوْد : چرا مرا توی دیگ گُذاشتی؟ چرا روی من آب میریزی؟ آب سرد است.

دختر : تو آب را دوست داری. صَبرکُن حالا آب گرم میشود.

نُخُوْد : راست میگوئی. کم کم دارَد آب گرم میشود.

دختر : باز کمی صبرکن تا آب خوب داغ

شود .
نُخُود : اِی وای خیلی داغ شده .من آتِش گِرِفتَم ، سوختَم . مرا از توی ِاین دیگ بیرون بیاوَر .
دختر : صبرکن ، هنوز وقتش نشده است.
نخود : مَگَر تو دشمن من هستی؟
دختر : نه ،من دوست توام .
نخود : پس چرا مرا بیرون نمیآوری ؟
دختر : تو هنوز خامی ، باید تو پُختهِ بِشَوی.
نخود : خام و پخته یعنی چه ؟ من سوختم!
دختر : وَقتیکِه پُختِه شدی خودت خواهی فَهمید .
نخود : من دارَم میمیرَم .اُستُخوان بَدَنَم از درد آتش دارد آب میشود .
دختر : حالا تو داری پخته میشوی .
نخود : مثل اینکه من خواب رَفتِه بودَم ، پَس نمرده‌ام . قَلبَم چه نَرم و پُر مُحَبَّت شده است .اِی وای !چرا مرا گاز میزَنی ؟ مگر تو دشمن من هستی؟
دختر : نه ، دوست توام .چون ترا دوست

دارم، تو را میخُورم ...
نخود: راست میگوئی، حالا من در بدن تو هستم: با تو فکر میکنم، با تو حِسّ میکُنَم، با تو راه میروم، با تو کار میکنم ...
دختر: ای رفیق در فکر چه هستی؟ تو چه فکری میکنی؟
نخود: فکر میکنم که حالا تو با آتش کدام عِشق خواهی سوخت تا بهتر از این بشوی که حالا هستی.

حِکایَت	Erzählung, Fabel
نُخُود	Erbse
زیبا	schön
دیگ	Kochtopf
بِریزَم	ich gieße (ein) (Konj.)
بِپَزَم	ich koche (Konj.)
گُذاشتَن	setzen, stellen, legen
صَبر کُن	warte!
راست میگوئی	du sagst die Wahrheit
داشتَن	im Begriff sein, etwas zu tun; haben
دارَد ...	er ist im Begriffe . . .
باز هَم	noch, wieder

اِی وای	o weh! ach!
آتِش گِرِفتَم	ich brenne (ich habe Feuer bekommen)
آتِش	Feuer
سوختَم	ich brenne
تو (-ی)	in, Innere
بیرون بیاوَر	hol heraus!
مَگَر	etwa
خام	unreif, ungekocht
پُختِه	gekocht, reif
وَقتیکِه	wenn, zu einer Zeit wo
خواهی فهمید	du wirst verstehen
دارَم میمیرَم	ich bin im Begriff zu sterben

اُستُخوان	Knochen
بَدَنم	mein Körper
بَدَن	Körper
خواب رَفته بودَم	ich war eingeschlafen
پَس	also, dann
قَلب	Herz
نَرم	weich, mild
پُر مُحَبَّت	voll von Liebe, Zuneigung
گاز میزَنی	du beißt
چون	weil
حِسّ میکُنَم	ich empfinde
عِشق	Liebe

خواهش دارم جواب بدهید

نخود بدختر زیبا چه گفت ؟ دختر زیبا با-خود نخود را برد یا نه ؟ آن دختر با آن نخود چکار کرد ؟ نخود چرا نمیخواست توی دیگ باشد؟ نخود خام بود یا پخته؟ چرا آن دختر نخود را خورد ؟ دختر زیبا نخود را دوست داشت یا نه ؟ بنظر شما این حکایت راست است یا دروغ ؟

گرامر

فعل

مصدر		ریشه فعل	مثل
شِکَستَن	:	شِکَن	ـ کی این بشقاب را میشِکَنَد؟
کَردَن	:	کُن	ـ من هر روز کار میکُنَم .
گِرِفتَن	:	گیر	ـ پلیس دزد را میگیرَد .

نِوِشتَن : نِویس – تو نامه بِنِویس !
ماندَن : مان – ما عقب خواهیم ماند.
آوَردَن: آوَر – او ساعت را میآوَرد.

شِکَستَن	brechen	ماندَن	bleiben
کَردَن	tun	آوَردَن	bringen, holen
نِوِشتَن	schreiben		

Lektion 50

حکایت سلطان و پنج دزد

در یک شب خیلی تاریک سلطان رفت توی شهر. در یک کوچه پنج دزد او را دیدند. از او پرسیدند تو کی هستی. سلطان گفت من هم مِثلِ شما دزدم. دزدها گفتند هَر-کُدام از ما یَک هُنَری دارد: دزد اَوَّلی گفت هنر من در گوش من است: من حَرفِ حِیوان را می فهمم. دزد دُوِّمی گفت هنر من در چشم من است: من هَرکِسی را در شب تاریک ببینم در روز روشن او را دُوباره میشناسم. دزد سِوُمّی گفت هنر من در بازوی

من است : من میتوانم زَمین را بِکَنَم . دزدِچهارمی گفت هنر من در دَماغ من است : من از بو خیلی چیزها می فهمم . دزد پَنجُمی گفت هنر من در دست من است : من خیلی خوب کَمَند میاَندازَم . دزدها گفتند : رفیق ، حالا تو بگو چه هنری داری ؟ سلطان گفت هنر من در ریش من است : اگر جَلّاد بخواهد کسی را بکشد ، کافی است که من ریشم را بِجُنبانَم . آنوقت جَلّاد او را نخواهد کشت . دزدها گفتند که این هنر از همه مهمتر است : تو رَئیسِ ما باش . بعد دزدها رفتند بِقَصرِ سلطان و جَواهِر دُزدیدَند . روز بَعدهمه دزدها را گِرِفتَند و پیش سلطان آوردند . یکی از دزدها آهِستِه گفت : این سلطان همان رفیق است که دیشب در تاریکی با ما بود . سلطان پرسید ، ای دزد تو آهسته چه میگوئی . دزد جواب داد ، ای سلطان من شنیده ام که هنر تو در ریش توست ، و حالا نُوبَتِ تُوست که ریشت را بِجُنبانی .

۱۲۷

سلطان خندید و آنها را نکشت.

der Fünfte	پنجمی	Gasse	کوچه
Lasso, Wurfschlinge	کمند	wie, gleich	مثل
ich werfe	میاندازم	(ein)jeder	هرکدام
Henker	جلاد	Kunst	هنر
es genügt	کافیست	der Erste	اوّلی
ich bewege (Konj.)	بجنبانم	Rede, Wort	حرف
dann	آنوقت	Tier	حیوان
Chef, Leiter	رئیس	der Zweite	دوّمی
Schloß	قصر	jeden, den	هرکسی را
Juwelen, Edelsteine	جواهر	der Dritte	سوّمی
sie stahlen	دزدیدند	Arm	بازو
sie nahmen (fest), man hat (fest-)genommen	گرفتند	Erde, Boden	زمین
		ich grabe (aus) (Konj.)	بکنم
leise	آهسته	der Vierte	چهارمی
Dunkelheit	تاریکی	Nase	دماغ
du bist an der Reihe	نوبت تو ست	Geruch	بو
er lachte	خندید	Sache, Ding	چیز

خواهش میکنم جواب بدهید
در شب تاریک سلطان چه کرد؟ کی سلطان
را دید؟ دزدها چه گفتند؟ دزدها چه از

سلطان پرسیدند؟ هنر سلطان در چه بود؟ بعد آنها کجا رفتند و چه کردند؟ آنها چه دزدیدند؟ روز بعد چه شد؟ آنها سلطان را شناختند یا نه؟ سلطان دزدها را کشت یا نه؟

Lektion 51

گنج

جوانی پدرش مرد. ثروت پدر را خَرج کَرد و فَقیر شُد. شبی خوْاب پدرش را دید. پدر در خوْاب باو گفت بُرُو بِمِصر در آنجا گَنج پیدا خواهی کرد. جوان روز بعد بِطَرَفِ مِصر رفت. در راه خیلی سَختی دید تا بمصر رِسید. گُرُسنِه بود امّا خِجالَت میکِشید که گِدائی بِکُنَد. بِخوْد گفت بهتر است که در نصف-شب بِگِدائی بِرَوَم که کسی صورت مرا نبیند. نصف شب از خانه بیرون رفت امّا پُلیس او را دید و فکر کرد که او دزد است. او را گرفت و گفت تو دزدی. جوان گفت، نه من اَهلِ بَغدادَم. پُلیس پرسید چرا تو بمصر آمده ای؟ جواب داد که پدرم مرد و ثروت

او تمام شد و من فقیر شدم. شبی خواب پدرم را دیدم، بمن گفت برو بمصر آنجا گنج پیدا خواهی کرد. حالا آمده‌ام بمصر. پلیس خندید و گفت من تا حالا بیشتر از صد مَرتِبه خواب یک گنج را با نِشانی آن دیده‌ام و تا حالا ببغداد نرفته‌ام. تو خیلی احمق هستی که یک مرتبه خواب گنج دیده‌ای و بمصر آمده‌ای. جوان از او پرسید آن گنجی که تو صد مرتبه در خواب دیده‌ای در کجای بغداد است. پلیس نشانی داد. جوان مُتِوَجِّه شُد که این نشانی خانه خود اوست. جوان ببغداد برگشت و با کُمَکِ آن نشانی پلیس در خانه خود گنج را پیدا کرد... گنج حَقیقَت پیش خود ماهست و ما از دیگران آنرا طَلَب میکُنیم.

خَرج کَردَن	ausgeben	بِطَرَفِ	in der Richtung ... hin
فَقیر شُدَن	arm werden	سَختی دیدَن	Schwierigkeit erleben
بُرُو	geh!	سَختی	Schwierigkeit; Härte
مِصر	Ägypten	رِسید	er kam an
گَنج	Schatz	گُرُسنِه	hungrig

خِجالَت میکِشید er schämte sich	نِشانی Adresse
گِدائی کَردَن betteln	مُتوَجِه aufmerksam
گِدائی Bettelei	کُمَک Hilfe
پُلیس Polizist	حَقیقَت Wahrheit
اَهل Einwohner, Bürger	دیگَران die anderen
بَغداد Baghdad	طَلَب کَردَن verlangen
مَرتِبِه Mal	

خواهش دارم جواب بدهید

این جوان چرا فقیر شد؟ او خواب کی را دید؟ پدر او در خواب باو چه گفت؟ چرا این جوان روز بعد بطرف مصر رفت؟ پلیس فکر کرد که او دزد است یا نه؟ پلیس هم خواب گنج دیده بود؟ پلیس نشانی آن گنج را باو داد؟ گنج کجا بود؟ میگویند که در قلب انسان گنج حقیقت هست، درست است یا نه؟

گرامر

فعل

مصدر	ریشه فعل	مثل

خُوْردن : خُوْر - من امشب غذا میخُوْرم.

ساختَن : ساز - آنها یک خانه میسازَند.
ریختَن : ریز - برای شما چای میریزَم.
دیدَن : بین - تو برادر مرا می بینی.
بَرگَشتَن : بَرگَرد - او زود بَر میگَردَد.
شِناختَن : شِناس- او شما را میشِناسَد.

ساختَن	bauen	دیدَن	sehen
ریختَن	(ein-)gießen		

Lektion 52

حکایت شخصی که زَبانِ حیوان را یاد گِرِفته بود

مردی رفت پیش حضرت موسیٰ و گفت من خواهش میکنم زبان حیوان را بمن یاد بِدِه. حضرت موسیٰ جواب داد: یاد گِرِفتَنِ زَبانِ حیوان برای تو خوب نیست. او دُوْباره اِصرار کرد و حضرت موسیٰ فَرمود: بِسیار خوب، برو هَر چِه حیوان بگوید تو خواهی فهمید. این مرد رفت منزل و بخودش گفت باید امتحان بکنم. نان اَنداخت پیش سگ امّا خُروس آمد و نانرا خورد. سگ بخروس

گفت چرا نان مرا نخُوردی. خروس باو گفت
غُصّه نَخُوْر، فردا اَسب اَرباب خواهد مُرد،
آنوقت گوشت اسب بُخُوْر. آن مرد شنید.
اسبش را برد و فروخت. روز بعد سگ از
خروس پرسید چرا اسب نمرد. خروس گفت
اسب را ارباب فروخت و اسب در منزل
شخص دیگر مرد. حالا صبرکن فردا این غُلامِ
ارباب خواهد مرد. آنوقت ارباب به فقیر و
حیوان گوشت و نان خواهد داد. ارباب
شنید و غلام را فروخت. روز بعد سگ گفت
تو بمن دروغ میگوئی؛ چرا غلام نمرد. خروس
گفت غلام را ارباب فروخت و غلام در منزلِ
دیگَری مرد. امّا فردا ارباب خواهدمرد و
آنوقت پسر و دختر او بفقیر و حیوان خیلی
خُوْراک خواهند داد. سگ پرسید چرا او
خواهد مرد. خروس گفت اگر اسب یا غلام
او در این منزل مرده بود، او لازم نبودکه
بمیرد. امّا چون پول دوست بود نگذاشت
بَلاء بِمالِ او برسد و حالا بلا خود اورامیکشد.
مرد این را شنید و خیلی ترسید و رفت

پیش حضرت موسیٰ و کمک خواست. بعد حضرت موسیٰ فرمود هرچه داری برو امروز بِبَخش بفقیرها تا بلاء از تو دور بِشَوَد. آن مرد هرچه داشت داد بفقیرها و بلاء از او دور شد. پَس اَز آن همیشه بمردم میگفت که خدا بهتر میداند برای انسان چه خوب است و چه بد. بهتر این است که انسان زبان آدم را یاد بگیرد و نه زبان حیوان را.

زَبان	Sprache; Zunge	اسب	Pferd
یاد گِرِفتِه بود	er hatte gelernt	اَرباب	Herr
یاد بِدِه	lehre!	مُردَن	sterben
یاد گِرِفتَن	lernen	فُروخت	er verkaufte
اِصرار کَردَن	bestehen auf	غُلام	Sklave
فَرمود	er befahl; sagte	دیگَری	ein anderer
فَرمودَن	befehlen, gebieten, sagen	پول دوست	geldgierig
بِسیار خوب	schön, gut	بَلاء	Unglück
هَرچِه	alles, was	مال	Besitztum, Gut
اَنداخت	er warf	بِبَخش	schenke!
اَنداختَن	werfen	دور شُدَن	sich entfernen
خُروس	Hahn	پَس اَز آن	danach
غُصِّه نَخور	gräme dich nicht		

خواهش دارم جواب بدهید

این مرد از حضرت موسی چه خواست؟ حضرت موسی چه جواب داد؟ سگ نان را خورد یا خروس؟ سگ بخروس چه گفت؟ خروس چه جوابی داد؟ ارباب آن اسب را فروخت یا نه؟ غلام مرد یا نه؟ چرا ارباب ترسید؟ حضرت موسی باو چه گفت؟ این مرد چه کرد؟ آنچه خدا برای انسان میخواهد خوب است یا آنچه که انسان برای خودش میخواهد؟

گرامر

فعل

مصدر	ریشه فعل	مثل
شُستَن :	شور	– او پیراهنش را میشورَد.
گُذاشتَن :	گُذار	– من نِمیگُذارَم شما بروید.
مُردَن :	میر	– این حیوان دارد میمیرَد.
شِنیدَن :	شِنو	– او حرف شما را نِمیشِنَوَد.
سوختَن :	سوز	– دست شما میسوزَد.
خوْاندن :	خوْان	– آنها مجلّه میخوْانند.

شُستَن	waschen	شِنیدَن	hören
گُذاشتَن	lassen, stellen	سوختَن	brennen
مُردَن	sterben		

Lektion 53

تَعبیرِ خواب

پادِشاهی خواب دید که همه دندانهایش اُفتادِه اَست. وقتیکه صبح بیدار شد از یک دانشمند سؤال کرد که تعبیرِ این خوابِ من چیست. او گفت تعبیرِ آن اینست که همه فامیل و دوستان قَبل اَز مُردَنِ این پادشاه خواهند مرد. پادشاه بَدَش آمَد و عصبانی شد و امر کرد او را حبس بکنند. بعد این پادشاه از وزیرش سؤال کرد که بنظرِ تو تعبیرِ این خواب چیست. وزیر جواب داد تعبیرش اینست که عُمرِ پادِشاه طولانی تراز عمر فامیل و دوستان است. پادشاه از این تعبیر خُوْشَش آمَد و بوزیر گفت تعبیرِ تو هَمان تعبیرِ دانشمند است. فرقش اینست که او با دُشمَنی بَیان کَرد و تو با مُحَبَّت و دوستی.

تَعبیر	Deutung	بَدَش آمَد	es mißfiel ihm
خواب	Traum	عُمر	Leben, Alter
پادِشاه	König	طولانی	lang
خواب دیدَن	träumen	خوشَش آمَد	es gefiel ihm
اُفتادَن	fallen	هَمان	der, die, dasselbe
فامیل	Familie	دُشمَنی	Feindseligkeit
دوستان	Freunde	بَیان کَردَن	erklären
قَبل اَز	vor	مُحَبَّت	Liebe, Zuneigung
مُردَن	das Sterben	دوستی	Freundschaft

خواهش دارم جواب بدهید

پادشاه چه خوابی دید ؟ او از آن دانشمند چه پرسید ؟ چرا پادشاه دانشمند را حبس کرد ؟ وزیر خواب را چطور تعبیر کرد ؟ پادشاه از تعبیر وزیر خوشش آمد یا بدش آمد ؟ فرق این دو تعبیر چه بود ؟ بنظر شما آن تعبیر خواب پادشاه درست است یا غلط ؟

Lektion 54

حکایت

شخصی از اِسکَندَرِ کَبیر یک دِرهَم خواست . امّا اسکندر گفت من هَرگِز بکسی یک درهم نمیدهم

چونکه خیلی کم است وکسی که از من فقط یک درهم بخواهد خیلی بی اَدَب و بی تَربیَت است. آن شخص گفت پس یک مَملِکَت بمن بِبَخش. اسکندر جواب داد که خواهش اوّل تُرا قَبول نَکَردَم چونکه برای من کم بود و خواهش دوُّم ترا هم قبول نمیکنم چون برای تو زیاد است.

اِسکَندَر کَبیر	Alexander der Große	مَملِکَت	Land
دِرهَم	Drachme	بَخشیدَن	schenken
هَرگِز	niemals	قَبول کَردَن	annehmen, genehmigen
بی اَدَب	unhöflich	دوُّم	der, die, das zweite
بی تَربیَت	ungezogen		

خواهش دارم جواب بدهید

خواهش اوّل آن شخص چه بود؟ خواهش دوّم او چه بود؟ چرا اسکندر خواهش او را قبول نکرد؟ اسکندر کبیر در تاریخ معروف است یا نه؟ میدانید اسکندر کی بود؟ بنظر شما اسکندر آدم خوبی بود یا آدم بدی؟ اسکندر کبیر اهل کدام مملکت بود؟

گرامر

فعل

مثل	ریشه فعل	مصدر
چمدانرا با خودم میبَرَم.	بَر	بُردَن
آن کاغذ را بیرون بیاَنداز.	اَنداز	اَنداختَن
بچه برادر خود را میزَنَد.	زَن	زَدَن
آن عکس را بمن بِدَهید.	دِه	دادَن
او در اطاق را میبَندَد.	بَند	بَستَن
روی مبل می نِشینَم.	نِشین	نِشِستَن

بُردَن	forttragen	دادَن	geben
اَنداختَن	werfen	بَستَن	schließen, zumachen
زَدَن	schlagen	نِشِستَن	sich setzen, sitzen

Lektion 55

کی بیشتر خورده است؟

روزی سلطان و وزیرش باهم خرمامیخُوردند سلطان خرما را میخورد و هَستهِ آنرا پیش وزیر میگذاشت. وقتیکه خرماها تمام شُد وزیر بسلطان گفت شما بیشتر از من خرما

خوردید . سلطان جواب داد که تو خیلی پُر-
خُوْر هستی ؛ تو همه خرماها را خورده‌ای ،
ببین هسته همه خرماها پیش توست . وزیر
گفت ما اوّل خرماها را دو قسمت کردیم :
من خرماهای خودمرا خُوْردم وهسته‌های
آن هم پیش من است ، امّا شما خرما و
هسته خرما هردو را خُوْردید . پس معلوم
است که شما بیشتر خُوْرده اید . حالا بفرمائید
پُرخُوْر من هستم یا شما ؟

هَستِه	Obstkern	پُرخور	gefräßig
تَمام شُدَن	zu Ende sein, alle sein		

خواهش میکنم جواب بدهید

سلطان و وزیرش چه میکردند ؟ سلطان
هسته خرما را کجا میگذاشت ؟ آن وزیر
بسلطان چه گفت ؟ سلطان چه جوابی داد ؟
حرف سلطان شوخی بود یا جِدّی ؟ کدام
بیشتر خرما خورده بود ، سلطان یا وزیر ؟

شوخی	Scherz, Spaß	جِدّی	Ernst

Lektion 56

مسخره را زیر پای فیل نمیشود گذاشت

وزیر سلطان شخصی بود مَغرور و مسخره آدمی مُتِواضِع . روزی مسخره بوزیر فُحش داد . سلطان شنید و از او بدش آمد و حُکم کَرد که مسخره را زیر پای فیل بگذارند . مسخره گفت این حکم غلط است . حکم کن که مرا زیر پای گُنجِشک بگذارند و وزیر ترا هم زیر پای فیل . من کوچک هستم و زیر پای فیل خاک میشوم ، امّا وزیر خیلی بزرگ است و پای فیل برای او مثل پای مَگَس است . امّا پای گُنجِشک برای من مثل پای یک فیل است . وزیر و سلطان هردو خندیدند و سلطان مسخره را بخشید .

فیل	Elefant	حُکم	Befehl
مَغرور	hochmütig	گُنجِشک	Sperling
مُتِواضِع	demütig, bescheiden	خاک	Staub, Erde
فُحش دادن	Schimpfworte gebrauchen	مَگَس	Fliege
حُکم کَردَن	befehlen		

خواهش میکنم جواب بدهید

کی مغرور بود و کی متواضع؟ کی بوزیر فحش داد و کی شنید؟ سلطان چه حکمی کرد؟ مسخره چه گفت؟ آدم متواضع بهتر است یا آدم مغرور؟

گرامر

فعل

مثل	ریشه فعل		مصدر
سلطان فَرمود او برود. –	فَرما	:	فَرمودَن
او از اینجا میگُذَرَد. –	گُذَر	:	گُذَشتَن
او مینَوازَد. –	نَواز	:	نَواختَن
آنها مینَمایَند. –	نَما	:	نِمودَن
تو میبازی. –	باز	:	باختَن
شما میآموزید. –	آموز	:	آموختَن

فَرمودَن gebieten; sagen; jemanden bitten

گُذَشتَن vorbeigehen

نَواختَن spielen auf

نِمودَن zeigen; tun

باختَن verlieren (Spiel), verspielen

آموختَن lernen; lehren

Lektion 57

مغرور کور است و متواضع بینا

شخصی وزیر شد و مغرور. رفیقش آمد باو تبریک بگوید. وزیر پرسید تو کی هستی و چه میخواهی؟ رفیق او گفت تو من را نمیتوانی ببینی و مرا نمیتوانی بشناسی. من دوست توام و آمده‌ام بتو تسلیت بگویم. شنیده‌ام که از وقتیکه وزیر شده‌ای، کور هم شده‌ای وکسی را نمیتوانی دیگر ببینی.

تبریک گفتن	gratulieren	از وقتیکه	seitdem
تسلیت	Trost, Beileid	کور	blind

خواهش میکنم جواب بدهید

چرا این وزیر مغرور شد؟ وزیر رفیق خود را شناخت؟ وزیر چه پرسید؟ رفیق او چه جواب داد؟ وزیر کور شده بود یا مغرور؟

Lektion 58

شاه و دَرویش

شاهی با دَرویشی آشنا شُد و از او خیلی خوشش آمد و گفت ای درویش میخواهم تو را وزیر بکنم. درویش گفت مرا اذیّت نکن، وزیر نمیخواهم بشوم. شاه پرسید چرا نمیخواهی. درویش گفت چَند دَلیل دارم: اوّل اینکه اگر وزیر بشوم باید در حُضور تو بِایستَم. حالا خدا سلطان من است. در حضورِ او میتوانم بنشینم. دلیل دوّم اینکه هَر وَقت تو خواب بروی باید من بیدار باشم که کسی ترا اذیّت نکند. حالا خدای من اصلاً خواب نمیرود و مُواظِب من است. دلیل سِوُّم اینکه اگر من گُناهی بکنم ممکن است تو مرا نَبَخشی. حالا من هر روز هزار گُناه میکنم و خدای مهربان و بَخشَندِه مرا می‌بَخشَد. دلیل چَهارُم اینکه اگر وزیر بشوم بنده تو میشوم و وقتی تو مردی من تَنها میمانَم. حالا بنده خدا هستم و چون خدا مُردَنی

نیست ، هیچوَقت تَنها نِمیمانَم .

دَرویش	Derwisch	سِوُّم	der, die, das dritte
آشناشُدَن	bekannt werden	گُناه	Sünde
چَند	einige	بَخشَندِه	freigebig; Vergeber
دَلیل	Beweis, Grund	بَخشیدَن	vergeben; schenken
حُضور	Gegenwart	چِهارُم	der, die, das vierte
ایستادَن	stehen	ماندَن	bleiben
هَروَقت	immer wenn	مُردَنی	sterblich
مُواظِب	aufmerksam; sorgsam	هیچوَقت	niemals

خواهش میکنم جواب بدهید

چرا درویش نخواست وزیر بشود ؟ دلیل‌های درویش درست است ؟ او چند دلیل داشت ؟ درویش وزیر شد یا نه ؟ شاه چرا نخواست او را وزیر کند؟

گرامر

Gr. 22

Verkürzung des Verbstammes in der Umgangssprache

مصدر	ریشه فعل	ریشه فعل برای حرف زدن
شدن :	شُو =	ش – من بزرگ میشم.

گذاشتن : گُذار = ذار - شما نِمیذارید .
گفتن : گو = گ - او نمیگِ .
آمدن : آی = آ - آنها میان .
آوردن: آوَر = آر - ما میاریم .
توانستن: تَوان = تون - من میتونَم .
خواستن: خواه = خوا - او میخواد .
دادن : دِه = د - ما میدیم .
رفتن : رُو = ر - او میرِ
نشستن : نِشین = شین - آنها میشینَن.

Lektion 59

قُدرَت سلطان

سلطانی بدرویشی گفت از من خواهشی بکن . درویش گفت حکم کن این مگسها مرا اذیّت نکنند . سلطان گفت بمگس نمیشود حکم کرد .یک خواهش دیگری بکن ، درویش گفت کسی که نتواند بمگس حکم بکند قدرتی ندارد و ازکسی که اصلاً قدرت ندارد نمیشود خواهشی کرد .

قُدرَت Macht

خواهش دارم جواب بدهید

سلطان بدرویش چه گفت؟ درویش چه گفت؟ سلطان میتوانست بمگس حکم کند؟ بنظر درویش سلطان قدرت داشت یا نه؟

Lektion 60

دُوْ نَقّاش

در مملکتی دُوْ نقّاش معروف بودند. سلطان خواست بداند کُدام یِک از این دو در نَقّاشی بیشتر مَهارَت دارد. قَرار گُذاشتَند که هریک عَکسی بِکِشَد. یکی عکس اَنگور کشید. پرنده‌ها آمدند و بآن عکس نُوْک زَدَند. سلطان باین نقّاش آفَرین گفت. سلطان از نقّاش دیگر پرسید که عکس تو کجاست. نقّاش جواب داد پشت این پَردِه. سلطان خوْاست پرده را کِنار بِکِشَد امّا متوجّه شد که دیوار است و روی آن عکس پرده کشیده شده است. سلطان گفت نقّاش اوّلی توانست پرنده را گول بِزَند و

نقاش دوّمی سلطان را گول زَد ؛ نقاش دوّمی ماهِرتر است .

نَقّاش	Maler	آفَرین	bravo!
کُدامیک	welcheiner	پَردِه	Vorhang
مَهارَت	Geschicklichkeit	کِنار کِشیدَن	beiseite ziehen, zur Seite ziehen
قَرار گُذاشتَن	sich vereinbaren	دیوار	Wand; Mauer
عَکس کِشیدَن	malen, zeichnen	گول زَدَن	verleiten, betrügen
اَنگور	Traube	ماهِر	geschickt
نُوک زَدَن	picken		

خواهش میکنم جواب بدهید

نقّاش اوّلی چه عکسی کشید؟ نقاش دوّمی چه کرد ؟ پرنده‌ها چه کردند ؟ سلطان از نقّاش چه پرسید ؟ نقّاش سلطان را گول زد یا نه ؟

گرامر

Gr. 21

Verkürzung der **Personalendungen** in der Umgangssprache

است	=	ـِ
او بزرگ است.	=	او بزرگِ.
این خوب است.	=	این خوبِ.
خیلی دیر است.	=	خیلی دیرِ.

ـَـ د = ـَـ

او غذا میخُورَد. = او غذا میخُورِ.
او در میزَنَد. = او در میزَنِ.
او نامه مینویسَد. = او نامه مینویسِ.

ـَـ ند   ـَـ ن

آنها غذا میخُورَند. = آنها غذا میخُورَن.
آنها در میزَنند. = آنها در میزَنَن.
آنها نامه مینویسَند. = آنها نامه مینویسَن.

- - - - - - - - - - - - - -

آنها غذا خُوردَند. = آنها غذا خُوردَن.
آنها در زدَند. = آنها در زدَن.
آنها نامه نوشتَند. = آنها نامه نوشتَن.

- - - - - - - - - - - - - -

آنها نامه خواهَند نوشت. = آنها نامه خواهَن نوشت.

Lektion 61

درویش و تَوانگر

تَوانگر گفت ای درویش بنظر من خدا وُجود نَدارَد. دیگر اینکه من مُعتَقِدَم که بشر آزادی ندارد. دیگر اینکه چون شیطان از آتش خَلق شُدِه اَست، بَنابَر این آتش جَهَنَّم برای او اصلاً

عَذاب نیست . اگر بتوانی نظر خود ترا با دلیل ثابت بِکُنی آنوقت حرف ترا قَبول میکُنَم . درویش یک آجُر برداشت و بسر توانگر زد . رفتند پیش قاضی . قاضی از درویش پرسید چرا آجر را بسر او زدی . درویش گفت من جواب حرف او را دادم . این مرد میگوید سرش درد میکند . بگوئید او درد را بمن نشان بدهد تا من خدا را باو نشان بدهم . او میگوید آزادی عَمَل وُجودی ندارد . پس حَق نَدارَد شکایت بکند . چونکه من مَجبور بودم آجر را بسر او بزنم و عَلاوِه بَراین آجر از خاک درست شده است و این مرد هم از خاک درست شده است ؛ پس حالا چرا خاک برای خاک عذاب شده است .

تَوانگَر	der Reiche, reich	جَهَنَّم	Hölle
وُجود داشتَن	existieren	عَذاب	Qual
مُعتَقِد بودَن	glauben	ثابِت کَردَن	beweisen
اِشتِباه	Irrtum	قَبول کَردَن	annehmen
خَلق شُدَن	erschaffen werden	آجُر	Ziegel
بَنا بَر این	folglich, daher	عَمَل	Tat

حَق داشتَن Recht haben	عَلاوِه بَراین außerdem
مَجبور gezwungen	خاک Staub, Erde

خواهش میکنم جواب بدهید

توانگر چه گفت؟ درویش چرا آجر بسر توانگر زد؟ قاضی چه پرسید؟ درویش چه جوابی داد؟ جواب درویش درست بود یا نه؟

Lektion 62

سلطان ظالِم و جوان عاقِل

روزی سلطان ظالِمی تَنها از شهر بیرون رَفت. جوانی را دید که زیر درختی تنها نِشَستِه بود. از او پرسید که سلطان این کشور عادِل است یا ظالِم. جوان باو جواب داد که بسیار ظالم و بد است. بعد سلطان پرسید مرا میشناسی. جوان گفت نه. سلطان گفت من سلطانم. جوان ترسید و پرسید ای سلطان تو اصلاً مرا میشناسی.

سلطان جواب داد نه. جوان گفت من پسر یک تاجِر معروفم و هر ماه سه روز دیوانِه میشَوَم. امروز یکی از این سه روز است. سلطان خندید و او را بخشید.

ظالِم	tyrannisch, Unterdrücker	عادِل	gerecht
تَنها	allein	تاجِر	Kaufmann
بیرون رَفتَن	hinausgehen	دیوانِه شُدَن	verrückt werden
نِشَسته	gesessen		

خواهش میکنم جواب بدهید

سلطان ظالم بود یا عادل؟ سلطان از جوان چه پرسید؟ جوان او را شناخت یا نه؟ جوان چرا ترسید؟ سلطان چرا خندید؟

گرامر

Das Perfekt in der Umgangssprache Gr. 31

خوردِه اَم = خوردَم   خوردِه ای = خوردی

خوردِه اَست = خوردِه   خوردِه ایم = خوردیم

خوردِه اید = خوردید   خوردِه اَند = خوردَند

Der **Dativ** in der Umgangssprache Gr. 18

بِم = بِمَن بِت = بِتو بِش = باو بِمان (بِمون)
= بِما بِتان (بِتون) = بِشُما بِشان (بِشون)
= بِآنها ، بِایشان

Possessivendungen (besitzanzeigende Endungen)! Gr. 19

کِتابَم = کتابِ مَن کتابَت = کتابِ تو کتابَش
= کتابِ او کتابِمان = کتابِ ما کتابِتان =
کتابِ شما کتابِشان = کتابِ آنها ، کتابِ
ایشان

Lektion 63

عَکس شیر و آدم

روزی شیری و آدمی عکسی دیدند . آن عکس آدمی را نشان میداد که شیری را زَنجیر کَردِه بود و باخود میبرد. آدم بشیر گفت ببین که شیر نُوکر آدم شده است . شیر گفت نقّاش این عکس آدم بوده است . اگر نقّاش شیر بود آنوقت آدم نوکر شیر میشد .

عَکس	Bild	زَنجیرکَردَن	fesseln, in Ketten legen

خواهش میکنم جواب بدهید

شیر و آدم چه عکسی را دیدند؟ آدم بشیر چه گفت؟ شیر باو چه جوابی داد؟ بنظر شما این حکایت راست است یا دروغ؟

Lektion 64

باز و خروس

باز گفت چرا وقتیکه میخواهند ترا بِگیرَند فرار میکنی. تو خیلی بیوَفا هستی. امّا من باوَفا هستم: هر وقت مرا صِدا کُنَند میآیم. خروس جواب داد، ای رفیق تو تا حالا اصلاً بازی را روی آتش ندیده‌ای. امّا من چَندین دَفعِه دیده‌ام که خروس را روی آتش سُرخ میکَردَند. اگر تو تَجرُبِه من را داشتی، تو هم وفا را فَراموش میکَردی.

بازَ	Falke	گِرِفتَن	fangen (fest)-nehmen

بی وَفا	untreu	چَندین	mehrere
با وَفا	treu	سُرخ کَردَن	braten
وَفا	Treue	تَجرُبه	Erfahrung
صِدا کَردَن	rufen	فَراموش کَردَن	vergessen
چَندین دَفعِه	mehrere Male		

خواهش دارم جواب بدهید

باز بخروس چه گفت ؟ خروس باو چه جوابی داد ؟ باز را میشود خورد؟ باز میتواند حرف بزند؟ خروس حیوان خوبی است یا نه ؟

Lektion 65

فرق اشتِباه در نَقّاشی و درطِبّ

نقّاشی عکس شاه را کشید . شاه از آن عکس بدش آمد و نقّاش را حبس کرد. بعد از یک سال از حبس آزاد شُد ،طبّ تَحصیل کَرد و طَبیب شد . پرسیدند چرا تو طبیب شدی .گفت اشتباه نقّاشی را میشود دید . امّا اگر طبیب در مُعالِجه اشتباهی بکند

و مریض بمیرد ، خاک آن اشتباه را نشان نمیدهد .

اِشتِباه	Fehler, Irrtum	آزاد شُدَن	befreit werden
نَقّاشی	Malerei	تَحصیل کَردَن	studieren
طِبّ	Medizin	مُعالِجِه	Behandlung

خواهش میکنم جواب بدهید

شاه از آن عکس خوشش آمد یا بدش آمد؟ چرا شاه نقّاش را حبس کرد؟ نقّاش بعد از یک سال چکار کرد؟ چرا او طبیب شد؟ حرف او راست است یا نه؟

گرامر

Die Wörter, deren Ende *ān* آن ist, endigen mit wenigen Ausnahmen in der Umgangssprache auf *ūn* اون , z. B.: ایران = ایرون *īrān* = *īrūn* „Irān Persien", زبان = زبون *zabān* = *zabūn* „Zunge".

آسمان = آسمون آن = اون استخوان = استخون ایران = ایرون ایشان = ایشون بدان = بدون بخوان = بخون بمان = بمون

پاسبان = پاسبون   پِنهان = پِنهون   تَرساندَن
= تَرسوندَن   جان = جون   جوان = جوون
جوشاندَن = جوشوندَن   خانه = خونه
خَنداندَن = خَندوندَن   خوْاندن = خوندن
خُوْدتان = خُوْدتون   خُوْدشان = خُوْدشون
خُوْدمان = خُوْدمون   دانستن = دونستن
دندان = دندون   دیوانِه = دیوونِه   زبان
= زبون   ساختِمان = ساختِمون   سوزاندن
= سوزوندن   شانِه = شونِه   شیطان =
شیطون   صُبحانِه = صُبحونِه   طهران = طهرون
فَرمان = فَرمون   گُلدان = گُلدون   ماندن
= موندن   نان = نون   نَمَکدان = نَمَکدون
آرام = آروم   اَنعام = اَنعوم

پِنهان	verborgen	ساختِمان	Gebäude
تَرساندَن	ängstigen	شانِه	Kamm
جوشاندَن	zum Kochen bringen	صُبحانِه	Frühstück
خَنداندَن	zum Lachen bringen	فَرمان	Befehl
دیوانِه	Irrer, Verrückter	گُلدان	Blumenvase

نَمَکدان	Salzstreuer	اَنعام	Trinkgeld

In der Umgangssprache hört man manchmal, daß ein bestimmtes Wort wiederholt wird, und zwar so, daß der erste Buchstabe des Wortes bei der Wiederholung zu *m* م verwandelt wird, z. B.: das Wort کتاب *ketāb* „Buch" wird als *metāb* wiederholt: کتاب متاب *ketāb metāb*.
Diese Art Wiederholung drückt die Ungenauigkeit der Sache, die Unbestimmtheit, die Unwichtigkeit, u. a. m. aus.

فرِش مرِش - فُروش مُروش - خَرید مَرید
کُهنِه مُهنِه - آشغال ماشغال - کفش مفش
کتاب متاب - دَفتَر مَفتَر - کاغذ ماغذ
قَلَم مَلَم - حُولِه مُولِه - رفیق مفیق - پول مول
بچه مچه - خر مر - ریزِه میزِه - خوراک-
مراک - شام مام - نهار مهار ......

فروش	Verkauf	دفتر	Heft
خرید	Einkauf	قلم	Feder
کهنه	alt, abgetragen	حوله	Handtuch
آشغال	Schmutz	ریزه	winzig

Lektion 66

چند مَثَل مَعروف

آدم با عجله کار را دُوْبار میکند .

از تو حَرَکَت از خدا بَرَکَت .
آشپز که دُوتا شد آش یا شور میشود یا بی نمک.
بُزُرگی بِعَقل است نه بسال .
چاه کَن همیشه تَه چاه است .
حَرف حَق تَلخ است .
در شهرِ کورها یِک چِشمی شاه است .
دُروغگو دشمن خدا است .
سِرکهِ نَقد بِه از حَلوای نِسیه .
سنگ بزرگ علامت نزدن است .
شِکَم سیر خَبَر از حال گرسنه ندارد .
صِید را چون اَجَل آیَد سوی صَیّاد رَود .
گندُم از گندم بِروید جُو ز جُو .
مُرغِ همسایه غاز است .
وقت طلا ست .
هر دردی را دَرمانی (دَوائی) است .
کَبوتَر با کَبوتَر باز با باز .
عِلم بی عَمَل درخت بی ثَمَر است .
گُرسنگی نَکشیدهِ ای تا عاشِقی را فراموش کنی .
خون را با خون نمیتوان شُست .
شب گُربه سَمور است .

دُوْبار	zwei Mal
حَرِکَت	Bewegung
بَرَکَت	Segen
آشپَز	Koch
شور	versalzen
نَمَک	Salz
بُزُرگی	Größe
عَقل	Verstand, Geist
چاه‌کَن	Brunnengräber
تَه	Grund, Boden
چاه	Brunnen
حَرف	Wort
حَق	Recht; Wahrheit
تَلخ	bitter
یک‌چشمی	der Einäugige
دُروغگو	Lügner
سِرکه	Essig
نَقد	bar, (sofort)
بِه (بِهتَر)	besser
حَلوا	pers. Süßspeise
نِسیه	auf Kredit
شِکَم	Bauch
سیر	satt

خَبَر	Nachricht, Bescheid
صِید	Beute; Jagd
اَجَل	Lebensende, Tod
آیَد (بیایَد)	es kommt (Konj.)
سویِ	in der Richtung
صَیّاد	Jäger
گَندُم	Weizen
بِرویَد	es wächst
جُو	Gerste
مُرغ	Huhn
غاز	Gans
دَرمان	Heilmittel
کَبوتَر	Taube
باز	Falke
عِلم	Wissen, Wissenschaft
عَمَل	Tat
ثَمَر	Frucht
گُرُسنگی کِشیدَن	hungern
عاشِقی	Liebe, Verliebtheit
خون	Blut
گُربه	Katze
سَمور	Zobel

Lesestücke

فامیل سُهراب خودرا مُعَرِفی میکُنَد

مَنیژِه : اسم من منیژه است . من دختر آقای سهراب هستم . من شانزدَه سال دارم . من بدَبیرِستان میروم : کِلاس نُهُم هستم .
فَرامَرز : اسم من فرامرز است . من برادر منیژه هستم . بیست سال دارم . من در دانِشگاه اَدَبیّات تحصیل میکنم . ما یک برادر داریم : اسم او بیژن است و او در آلمان طبّ تحصیل میکند . برادر ما بیست و دو سال دارد .
خانُمِ سُهراب : من مادر منیژه و فرامرز و بیژن هستم . اِسمِ کوچک من طاهِرِه است . کار من کارِ خانه اَست . من سی و نه سالِ دارم .
آقای سهراب : اسم کوچک من باقر است . من چِهِل و پَنج سال دارم . من طبیب هستم . ما در طِهران زِندِگی میکنیم .

سُهراب	Eigenname (männl.)	شانزدَه	sechzehn
مُعَرِّفی کردن	vorstellen	دَبیرِستان	Oberschule
مَنیژِه	Eigenname (weibl.)	کِلاس	Klasse

نُهُم	neunte	خانُم سُهراب	Frau Sohrāb
فَرامَرز	Eigenname (männl.)	اِسمِ کوچِک	Vorname
دانِشگاه	Universität	چِهِل	vierzig
اَدَبیّات	Literatur	زِندِگی کردن	leben

فامیل سهراب صُبحِ زود صُبحانه میخورد

خانم سهراب: ساعت شش است. بچه‌ها بیائید صبحانه حاضر است.

منیژه: من چای کم رنگ میخواهم.

فرامرز: من چای بِدونِ شِکَر میخورم. بیژن نوشته که در اروپا بَعضی مردم چای بدون شکر میخورند. حالا میخواهم منهم امتحان کنم.

منیژه: چه مَزِه اَست؟

فرامرز: با شکر بهتر است. چای اگر شیرین و گرم نباشد، چای نیست.

آقای سهراب: درست است، اگرچه شکر زیاد هم سالم نیست.

فرامرز: سالم نیست امّا خوشمزّه است.

خانم سهراب: بچه‌ها، شما تُخمِ مُرغ نخورده‌اید.

منیژه: مرسی، من امروز صبح اِشتِها ندارم.

فرامرز: من کَرِه و عَسَل خوردم و سیر شُدِه اَم.

منیژه : پدر ، میگویند خارجی‌ها صبح قَهوِه میخورند، درست است ؟
آقای سهراب : بله ، امّا قهوه را مثل ما درست نمیکنند .
فرامرز : ساعت هفت شده است ، منیژه .
منیژه : من باید بروم ، خُدا حافِظ !
سایِرین : خدا حافظ !
فرامرز : من هنوز نیم ساعت وقت دارم . میروم کمی کتاب بخوانم .
آقای سهراب : ساعت نه مریض ها میآیند . من میروم توی باغ کمی گردش کنم .
خانم سهراب : من باید اُطاقها را تَمیز کُنَم .

صُبحِ زود	am frühen Morgen; frühmorgens	اِشتِها	Appetit
صُبحانِه	Frühstück	کَرِه	Butter
بِدونِ	ohne	عَسَل	Honig
شِکَر	Zucker	سیرشدن	satt werden
بَعضی	manche	قَهوِه	Kaffee
چه مَزِه اَست	wie schmeckt es ?	خُداحافِظ	Aufwiedersehen (Gott behüte)
شیرین	süß	سایِرین	die anderen
اَگَرچِه	obwohl	اُطاق	Zimmer
تُخمِ مُرغ	Ei	تَمیزکَرَدن	sauber machen, putzen

وقت ناهار است

ساعت نیم بعد از ظهر است.
صَحنِه: اُطاقِ غَذاخوری، یک میز و چهار صَندَلی. روی میز رومیزی است و بُشقاب و قاشُق و چَنگال و چاقو، نَمَکدان پر از نمک، فِلفِل، پیاز و ماست. فرامرز در اطاق راه میرود. منیژه وارِد اطاق میشود.
منیژه: سَلام، فرامرز!
فرامرز: سَلام عَلیک، منیژه! حالت چطور است؟
منیژه: مُتِشَکِرَم، خوب است. حال تو چطوراست؟
فرامرز: مرسی، خوب است. امروز خیلی گرسنه شده ام. بوی کباب میآید.
منیژه: ممکن است ناهار چلوکباب داریم. میدانم تو چلوکباب را خیلی دوست داری.
فرامرز: راست میگوئی، بِخُصوص وقتیکه مثل حالا گرسنه باشم.
منیژه: من میروم توی آشپَزخانِه بمادر کُمک بِکُنَم که زود ناهار حاضر بشود...
(خانم سهراب و منیژه با ناهار داخِلِ اطاق میشَوَند. بعد از چند دقیقه آقای سهراب وارد اطاق میشود.)

خانم سهراب : ناهار حاضر است . اِنشاءالله ناهار خوب شده است .
فرامرز : از بوی ناهار معلوم است که خیلی خوشمزه است ... (همه غذا میخورند)
آقای سهراب : خیلی خوراک خوبی است .
فرامرز : از چلوکباب بهتر خوراکی نیست .
منیژه : راستی، مادر خیلی خوب خوراک درست میکند .
خانم سهراب : " کار نیکو کردن از پُر کردن است " .
آقای سهراب : بعد از ناهار چای بد نیست .
منیژه : من میروم چای درست میکنم ...
(بعد از نیم ساعت منیژه سَماوَر را میآورد . بَعد قوری ، اِستِکان ، قاشُق چای خوری و قند میآورد . قوری را میگذارد روی سماور . برای همه بعد چای میریزَد .)
فرامرز : من چای با قند میخورم (= میخورم) .
خانم سهراب : چای خوب دَم کِشیدِه است .
آقای سهراب : چای بعد از غذا برای هَضم خوراک خوب است .
فرامرز : بخصوص (= بخصوص) وقتیکه انسان زیاد خوراک بخورد (= بخورد) . من باید امروز ساعت

سه در دانشگاه باشم.
منیژه: حالا ساعت دو است. من میروم. ساعت دو-
و نیم باید در دبیرستان باشم.
(منیژه خدا حافظی میکند و میرود. فرامرز نیم
ساعت کتاب میخواند. بعد از پدر و مادر خود
خدا حافظی میکند و میرود. آقای سهراب کمی دِراز
میکِشَد و بعد میرود بِمَطَب. خانم سهراب هم کمی
اِستِراحَت میکُنَد و بعد ظرف میشوَرَد.

ناهار	Mittagessen
صَحنِه	Szene
اُطاقِ غَذاخوری	Eßzimmer
میز	Tisch
صَندَلی	Stuhl
رومیزی	Tischdecke
بُشقاب	Teller
قاشُق	Löffel
چَنگال	Gabel
چاقو	Messer
نَمَکدان	Salzstreuer, Salzfäßchen
نَمَک	Salz
فِلفِل	Pfeffer
پیاز	Zwiebel
ماست	Jogurt
وارِدشدن	Eintreten
سَلامٌ عَلیک	Guten Tag! Friede sei mit dir!
مُتِشَکِّرَم	ich danke, danke
کَباب	Kebab, Braten
بِخُصوص	besonders
آشپَزخانِه	Küche
کُمَک کَردن	helfen
داخِل شدن	eintreten
اِنشاءالله	hoffentlich: wenn es Gott gefällt
راستی	wirklich; Wahrheit
نیکو	gut, ausgezeichnet
پُر (زیاد)	viel
سَماوَر	Samovar

بَعد	dann	هَضم	Verdauung, Verdauen
اِستِکان	Teeglas	دِراز کِشیدَن	sich hinlegen
قاشق چای‌خوری	Teelöffel	مَطَب	Praxis; Sprechzimmer des Arztes
قَند	Würfelzucker	اِستِراحَت کَردَن	sich ausruhen
ریختَن	eingießen	شُستَن	waschen
دَم کِشیدَن	ziehen		

حالا وقت شام است

ساعت هشت شب است .
صحنه : اطاق غذاخوری . دُور میز چهار صندلی است . روی میز قاشق و بشقاب و نمکدان است . منیژه پُلَو میآورد . خانم سهراب خُورِش در دست دارد و وارد اطاق میشود . منیژه ، فرامرز وپدرش را صدا میکند :
منیژه : پدر ، شام حاضر است ، بیائید شام بخورید . کتاب خواندن بس است ، فرامرز . تو فیلسوف شده ای ، حالا بیا شام .
فرامرز : من یک ساعت است مُنتَظِرَم که تو مرا برای شام صدا بکنی .
منیژه : مثل اینکه امشب هم خیلی گرسنه ای .
فرامرز : خوب درست فَهمیدی . امشب هم

پلو داریم. من پلو را بیشتر از نان دوست دارم.
منیژه: تو درست ایرانی هستی. میگویند که خارجی‌ها شب معمولاً خوراک گرم نمیخورند.
خانم سهراب (=سهراب): بیژن نوشته بود آلمانیها سیب زمینی خیلی دارند و خیلی هم میخورند. امّا شب بیشتر نان میخورند...
(آقای سهراب وارد اطاق میشود)
آقای سهراب: مَعذِرَت میخواهَم که شماها را من مُنتَظِر گُذاشتَم. مَشغول نامه نوشتن بودم. خواستم نامه را تمام بکنم.
خانم سهراب: عِیب نَدارَد. شام هنوز گرم است.
منیژه: راستی، چرا پلوخُورش سرد، مثل پلو-خورش گرم خوشمزه نیست؟
فرامرز: بنظر من خوراک سرد مثل خوراک گرم بو ندارد. بو در مَزّهِ خوراک خیلی تأثیر دارد.
(همه مشغول خوراک خوردن میشوند. بعد از غذا باهم صحبت میکنند. ساعت نه شب رادیو میگیرَند و موسیقی ایرانی گوش میکُنَند. خانم سهراب و منیژه میروند توی آشپزخانه ظرف بشورند. ساعت ده همه بِیکِدیگَر شَب بِخِیر میگویند وبعد

میروند میخوابند .

دُور	um, herum	مُنتَظِرگُذاشتَن	warten lassen
پُلو	gekochter Reis	مَشغول	beschäftigt
خُورِش	Fleischgericht	عِیب نَدارَد	es macht nichts
بَس	genug	عِیب	Fehler
فیلسوف	Philosoph	مَزِه	Geschmack
مُنتَظِربودن	warten, erwarten	تأثیر	Einfluß; Wirkung
مُنتَظِر	erwartend	رادیوگرفتَن	Radio anmachen
فَهمیدَن	verstehen	موسیقی	Musik
مَعمولاً	gewöhnlich	گوش کَردَن	hören
مَعذِرَت خواستَن	sich entschuldigen	بیِکدیگر	zueinander
شُماها را	euch; Sie	شَب بِخیر	gute Nacht

راجع بِعید نُوروز

سَرِ شَب است . آقای سهراب و خانم سهراب در اُطاقِ نِشیمَن، روی مُبل نشسته اند . در اطاق یک فرش بزرگ ایرانی است و دو قالیچه قشنگ، چند مبل و چند صندلی، یک میز و چند گُلدان .

خانم سهراب : تقریباً سه هفته دیگر عید نوروز است. خیلی کار داریم ؛ برای شما یک جُفت کَفش باید بخریم (بخریم) . یک کت و شلوار باید بدهید خَیّاط

برایتان بِدوزَد. برای منیژه یکدَست لباس ویک جفت کفش و یک جفت جوراب. فرامرز تازِه کفش خریده وکفش لازم ندارد. امّا یک پیراهَن ویک کِراوات ویک کت و شلوار باید برایش بخریم.
آقای سهراب: فَراموش نشَوَد که عید برای شما هم عید است. یک پارچه قشنگ میخریم و میدهیم که برایت یک لباس بدوزند. جوراب وکفش واَمثالِها هم باید برای خودت بخری. تَعارُف هم نکُن که اصلاً فایدِه ندارد. از منیژه و فرامرز بپرسیم کی وقت دارند. آنوقت باهم بِروید خَرید کنید. بعد من و شما یکروز باهم میرویم خرید.

نُوروز	Neujahrstag	جوراب	Strumpf
سَرِشَب	am frühen Abend	تازِه	neulich; neu
اُطاقِ نِشیمَن	Wohnzimmer	پیراهَن	Hemd
مُبل	Sessel; Möbel	کِراوات	Krawatte
گُلدان	Blumenvase, Blumentopf	فَراموش شُدَن	vergessen werden
دیگَر	nach (zeitl.), noch	پارچه	Stoff
جُفت	Paar	اَمثالِها	und so weiter
کَفش	Schuh	تَعارُف کردن	Umstände machen
خَیّاط	Schneider	فایدِه	Nutzen
دوختَن	nähen	خَریدرَفتَن	einkaufen gehen
دَست	Garnitur; Hand		

در اُطاقِ کارِ خیّاطِ مَردانه

آقای سهراب : سلام
خیّاط : سَلام عَلیکُم ، آقای دکتر ، بفرمائید تو .
فرامرز : سلام علیکم .
خیّاط : سلام فرامرز خان ، حال شما چطور است ؟ تشریف بیاوَرید تو . حَتماً پارچه آورده اید ، برای عید میخواهید کت و شلوار بدوزید .
آقای سهراب : بله ، درست است . بِفرمائید که وقت دارید برای فرامرز و من کت و شلوار بدوزید؟
خیّاط : میدانید که خیّاط قبل از عید خیلی کار دارد . امّا برای شما و فرامرز خان خواهم دوخت . امروز درست دو هفته بعید است . دو روز قبل از عید حاضر است .
فرامرز : حتماً ؟ دیرتر نشود .
خیّاط : قَول من قَول است . مُطمَئِن باشید . بشما من قَول میدَهم . حالا تشریف بیاورید اینجا من اَندازِه بِگیرَم .
آقای سهراب : کت مرا دو طَرَفِه درست کنید .
فرامرز : کت من یک طَرَفِه باشد .
خیاط : بسیار خوب ، هَفتِهٔ آیَندِه کت و شلوار برای

امتحان حاضر است .
فرامرز : چه روزی ؟
خیّاط : امروز چهارشَنبه است . هفته بعد سهِ شَنبه .

اُطاق کار	Arbeitszimmer; Werkstatt
خیّاطِ مَردانه	Herrenschneider
سَلام عَلیکُم	Guten Tag! Friede sei mit Ihnen (Euch)!
تَشریف بیاوَرید (تو)	kommen Sie bitte herein!
خان	Herr
تَشریف آوَردَن	kommen
حَتماً	sicherlich
بِفَرمائید	Sagen Sie bitte!
دیر	spät

قَول	Versprechen; Wort
مُطمَئِن	sicher
قَول دادَن	versprechen
اَندازه گِرِفتَن	messen
دوطَرَفه	zweireihig
یِکطَرَفه	einreihig
هَفتهٔ آینده	nächste Woche
چَهارشَنبه	Mittwoch
سِه شَنبه	Dienstag

در اطاق کار خیّاطِ زَنانه

منیژه : سلام علیکم !
خانم سهراب : سلام !
خیّاط : سلام علیکم خانم ! حال شما چطور است ؟
منیژه : برای من یکدست کُت و دامَن میخواهم که شما بدوزید . سه مِتر پارچه خریدیم ، بس است ؟
خیّاط : بله ، کافی است . اِمسال شما کمی دیر تشریف

آورده اید ; نزدیک عید است .
خانم سهراب : راست میگوئید ، امّا وقت نکردیم .
خیّاط : اِشکالی نَدارَد .
خانم سهراب : برای من یک لباس بدوزید و یک مانتُو برای بهار .
خیّاط : بفرمائید اینجا یک مُدِل اِنتِخاب کُنید . اوّل اِجازِه بِفَرمائید اندازه شما را بگیرم .
منیژه : کی حاضر میشود ؟
خیّاط : دوشَنبِه تشریف بیاورید برای امتحان . سه روز قبل از عید حاضر خواهد بود .
خانم سهراب : خیلی خوب . پس روز دوشنبه میآئیم برای امتحان لباس .
خیّاط : تشریف بیاورید .

خَیّاطِ زَنانِه	Damenschneider	مانتُو	Mantel
کُت وِدامَن	Kostüm	مُدِل	Modelle
دامَن	Rock	اِنتِخاب کردن	wählen
مِتر	Meter	اِجازِه بفرمائید	erlauben Sie bitte!
اِمسال	dieses Jahr	دوشَنبِه	Montag
اِشکالی نَدارَد	es ist nicht schlimm		

در شیرینی فُروشی

خانم سهراب : این شیرینی ها تازه است ؟

شیرینی فروش : اَلبَتّه ، خانم . شیرینی کُهنه ما اصلاً نداریم . قبل از عید شیرینی زیاد فُروش میرَوَد . هر روز شیرینی میپَزیم .
خانم سهراب : یک کیلو از این شیرینی بدهید ، نیم کیلو از آن یکی ، دو کیلو هم از این ...
منیژه : مادر ، شیرینی تَر نمیخرید ؟
خانم سهراب : چرا ، خوب شد که گفتی . شیرینی خشک کافی نیست . شیرینی تر هم لازم داریم .
شیرینی فروش : خانم ، شیرینی تر چند جور داریم . همه تازه و خوشمزه است .
خانم سهراب : پس ، آقا ، دو کیلو هم شیرینی تر از همه جور بدهید . کیلوئی چند است ؟
شیرینی فروش : کیلوئی چهار تومان و نیم .
خانم سهراب : همه چند شد ؟
شیرینی فروش : بیست و هَشت تومان و نیم .
خانم سهراب : آقا ، بفرمائید ، این سی تومان .
شیرینی فروش : متشکّرم ، خانم . بفرمائید اینهم بَقیّه اَش ... خوش آمَدید ! خدا حافظ !

شیرینی فُروشی Konditorei | شیرینی Backwaren; Gebäck

تازه	frisch	کیلو	Kilo
...فُروش	Verkäufer	شیرینی تَر	Törtchen, Torte
اَلبَتِّه	natürlich, sicherlich	جور	Sorte, Art
کُهنِه	alt	بیست وهَشت	achtundzwanzig
فُروش رَفتَن	verkauft werden	بَقیِّه	Rest
پُختَن	backen; kochen	خوش آمَدَن	willkommen sein

در آجیل فُروشی

آجیل فُروش: بفرمائید خانم، چه میخواهید؟
خانم سهراب: آجیل خوب و تازه میخواهیم. پسته کیلوئی چند است؟
آجیل فروش: کیلوئی پانزدَه تومان. بهتر از این پسته نیست.
خانم سهراب: فندق کیلوئی چند است؟
آجیل فروش: کیلوئی هشت تومان است، خانم.
منیژه: تُخمه هِندوانِه خوب هم دارید؟
آجیل فروش: بله، خانم، داریم.
خانم سهراب: یک کیلو فندق، نیم کیلو پسته، نیم کیلو تخمه بدهید. امّا باید تَخفیف هم بدهید.
آجیل فروش: چَشم، خانم، اَلبَتِّه. دیگر چه لازم دارید؟ بادام خوب هم داریم.

منیژه : مادر، آب نَبات تُرش وگز هم بگیریم.
خانم سهراب : نیم کیلو آب نبات ترش ویک جعبه گز هم بدهید. یک کیلو هم بادام بدهید...
منیژه، دیگر بس است. پدرت گفت که امروز میوه میخرد. کم‌کم برویم منزل. باید شام هم درست کنیم؛ دیر میشود...
(خانم سهراب پول آجیل وآب نبات وگز رامیدهد وبعد با منیژه میروند منزل.)

آجیل	getrocknete Früchte	تَخفیف	Ermäßigung
آجیل فُروشی	das Geschäft, wo getrocknete Früchte verkauft werden	چَشم (اَلبَتِّه)	natürlich, sicher
پانزدَه	fünfzehn	بادام	Mandeln
تُخمِه	Kerne, Obstkerne	آب نَبات	Bonbon
هِندَوانِه	Wassermelone	تُرش	sauer

نامه به بیژن

خانم سهراب : فرامرز، یک کارت تَبریک بده بمن، میخواهم برای بیژن تبریک عید بنویسم.
منیژه : چند روز است که نامه بیژن آمده وهنوز جواب ننوشته ایم. منهم برای بیژن یک کاغذ

مینویسم .
خانم سهراب : فرامرز ، توهم بیا برای بیژن تبریک بنویس . پدرت هم شب مینویسد و فردا کارت تبریک و کاغذ را میفرستیم .
منیژه : مادر ، من نوشتم . شما هم بنویسید .
فرامرز : من کار دارم و باید بروم . خیلی مُختَصَر مینویسم . علاوه براین میدانید که در نامه‌نوشتن من اصلاً تَنبَل هستم ...

نامه

طهران بِتاریخ بیستم اِسفَند ۱۳۳۹
فَرزَندِ عَزیزَم ، بیژن جان ! اُمیدوارَم که سَلامت باشی . چند روز پیش نامه‌ات رسید و همه ما خوشحال شدیم . دیروز منزل آقا عمو بودیم . عمو خیلی بتو سَلام رِسانده است . میگفت بیژن ماها را بِکُلّی فراموش کرده . اگر وَقت کَردی ، چند خَط برای عمو بنویس ، خوشحال میشود . میدانی که عمو تو را خیلی دوست دارد . خیلی از تو تَعریف میکَرد ... حال ماها همه خوش و خوب است . دو هفته پیش برایت مِقداری پِستِه و فَندُق و یک جَعبِه گز فرستادم . بیژن عزیز ، مواظب باش

که با دَرس خواندَنِ زیاد خودت را مریض نکنی.
من ترا خوب می شناسم و میدانم که بعضی وقتها
خیلی بخودت زَحمَت میدَهی . خدا نِگَهدارَت باشد.
قُربانَت ، مادر تو ، طاهره

برادر مهربان ، سلام علیک ! انشاءالله سالم وخوشی.
در منزل کم کم بوی عید میآید . هفته آتیه برایت
مُفَصَّلاً مینویسم . دوست من آقای ... را اگر دیدی
سلام مرا باو برسان . قُربانِ تو ، فرامرز

برادر عزیز ، سلام عَرض میکُنَم . حال و اَحوالَت چطور
است ؟ حال من خوش است . تقریباً سه سال است
که تو از ایران رفته ای . خیلی دلم میخواست که ترا
ببینم . بعضی وقتها فکر میکنم چه خوب بود اگر میشد
برای تَحصیل بیایم بآلمان . امّا معلوم نیست که بشود.
چونکه اَوَّلاً باید زَبان آلمانی را یاد بگیرم وثانیاً من
گمان نِمیکُنَم مادرجان موافق باشد . دیگر اینکه اگر
وِزارَتِ فَرهَنگ اَرز ندهد آنوقت خَرج تحصیل را
پدر باید بدهد و برای پدر سَخت است . انشاءالله
هَرچه خِیر است پیش خواهد آمَد . فرامرز میگوید
هَمینجا میتوانی تحصیل بکنی . امّا من میخواهم که هم
تحصیل کنم و هم خارِجه را ببینم . علاوه بر این

میگویند که تحصیل در خارِجه بهتر است . منتظر کاغذ تو هستم . خداحافظ تو ، خواهرت ، منیژه

بیژن عزیز ! امیدوارم که در کارهایت مُوَفَّق باشی . عید نوروز نزدیک است . میخواستم برایت بنویسم که از طَرَفِ مَن وخانم یکدست کت وشلوار و یک جفت کفش و یک پیراهَن برای خودت . بخر . پولش را برایت میفرستم . در موقِعِ تعطیل دانشگاه تو گردِش و اِستِراحَت را فراموش نکنی . هر وقت نامه‌ات دیر میرسد ، مادرت نگران میشود . البتّه نزدیک عید مردم زیاد نامه مینویسند و این است که نامه دیرتر ازمَعمول میرسد . اگر چیزی لازِم داری بنویس برایت بفرستم .

خدا نگهدارت باشد ، پدرت ، سهراب راستی ، فرامرز چند تا عَکس ماها را اَنداختِه است . سِه تا عکس در پاکت برایت میگذارم ... سهراب

کارت	Karte	تاریخ (زاریخ)	Datum
تَبریک	Gratulation	اِسفَند	der zwölfte Monat des iranischen Sonnenjahres
فِرِستادَن	schicken, senden	فَرزَند	Sohn, Kind
مُختَصَر	kurz und bündig	عَزیز	lieb, teuer
تَنبَل	faul		

اُمیدوار بودَن	hoffen
سَلامت	gesund
سَلام رِساندَن	grüßen lassen
بِکُلّی	gänzlich
وَقت کَردَن	Zeit finden
خَطّ	Zeile
تَعریف کَردَن	loben; schildern
خوش	glücklich; gesund
مِقداری	eine gewisse Menge
پِستِه	Pistazie
فَندُق	Haselnuß
جَعبِه	Schachtel; Kasten
گَز	eine pers. Süßigkeit
دَرس خواندَن	lernen, studieren
زَحمَت دادَن	bemühen, ermüden
نِگَهدار	Hüter, Beschützer
قُربانَت	dein sich aufopfernder
آتیه	kommende; Zukunft
مُفَصَّلاً	ausführlich
قُربانِ تو	dein sich aufopfernder
عَرض کَردَن	sagen, darlegen
اَحوال	Befinden; Zustände
چِه خوب بود	wie gut es wäre
تَحصیل	Studium

اَوَّلاً	erstens
زَبان	Sprache
ثانیاً	zweitens
گُمان کَردَن	vermuten, glauben
دیگَر	noch; sonst
وِزارَتِ فَرهَنگ	Kultusministerium
وِزارَت	Ministerium
اَرز	Devisen
خَرج	Kosten; Ausgaben
سَخت	schwer; hart
هَرچِه	alles, was
خِیر	gut; Nutzen
پیش آمَدَن	sich ereignen
هَمینجا	selbst hier
خارِجِه	Ausland
مُوَفَّق بودَن	erfolgreich sein, Erfolg haben
اَز طَرَفِ مَن	in meinem Namen
پیراهَن	Hemd
مُوقِع	Zeit
گَردِش	Spaziergang; Ausflug
اِستِراحَت	Ruhe; Erholung
مَعمول	üblich, gewöhnlich
چیزی	irgend etwas
لازِم داشتَن	brauchen

چند تا	einige	سِه تا	drei Stück
عَکس اَنداختَن	photographieren	پاکَت	Umschlag

دو روز قبل از عید نوروز

عَصر است. خانم سهراب و منیژه در باغ گردش میکنند.

منیژه: مادر، هفته پیش خانه‌تکانی کردیم. امّا مثل اینکه امروز هم باید برای عید اطاقها را خوب تمیز کنیم.

خانم سهراب: بله منیژه، پَس فَردا عید است و باید خانه خوب تمیز و مُرَتَّب باشد.

منیژه: از وقتیکه ما کلفت نداریم، شما خیلی کار میکنید. باید دوباره یک کلفت پِیدا کُنیم.

خانم سهراب: من خودم هم کم کم متوجّه شده ام که بدون کلفت سخت است: رَخت شستن، ظرف شستن، جارو کردن، دوختن، پختن، تمیز کردن همه اطاقها... کار خانه زیاد است.

منیژه: هفته گذشته با اینکه فرامرز هم کمک کرد، سِه‌نَفَری تَمامِ روز کار میکردیم تا اطاقها را تمیز و مرتّب کردیم.

خانم سهراب: خوب، حالا برویم اطاقها را مرتّب

کنیم . فرشها را داده بودیم که بشورند: دیروز آنها را دوباره آوردند . مَلافِه ها را اطوکرده ام . فرامرز هم دارَد میآیَد .

فرامرز : اگر شما کاری دارید من حاضرم کمک بکنم که زودتر کار تمام بشود .

منیژه : تو بیا باهم فرشها را پَهن کنیم .

خانم سهراب : پس من میروم رختها را اطوبکنم .

فرامرز : امروز بعد از ظهر رفته بودم پیش خیّاط . کت وشلوار خودم و مال پدر را هم گرفتم .

منیژه : لباس مادر وکت و دامن من را هم شاگِرد خیّاط آورد . خیلی قشنگ دوخته است .

فرامرز : خوب ، بیا برویم فرشها را درست بکنیم...

منیژه : من حاضرم ، بیا برویم !

عَصر	Spätnachmittag	سِه نَفَری	zu dritt
خانِه تِکانی کردن	Hausputz halten	تَمام روز	den ganzen Tag
پَسِ فَردا	übermorgen	مَلافِه	Laken
مُرَتَّب	ordentlich; in Ordnung	دارَد میآیَد	er kommt gerade
پیدا کردن	finden	پَهن کردن	ausbreiten
رَخت	Wäsche	شاگِرد	Lehrling
جارو کردن	fegen		

۱۸۲

نامه بیژن از آلمان

یکروز قبل از عید است . پستچی زنگ میزند. بعد خانم سهراب در را باز میکُنَد . نامه بیژن رسیده است . نامه را باز میکند و میخواند :

برلن ، بتاریخ ۱۰/۳/۱۹۶۱

پدر و مادر عزیز ، منیژه جان، فرامرز مهربان ! سلام ! امیدوارم که سلامت و خوش باشید .

هفته بعد عید نوروز است . بشماها این عید را قلباً تبریک میگویم . امیدم از حَق چنانست که در سال نو در جَمیع اُمور موفّق باشید و بِسلامَتی و خوشی زِندِگی کنید . کاغذ شماها چند روز پیش رسید و خیلی خوشحال شدم . دو سه هفته است که دانشگاه تَعطیل شده است . در این تَعطیلی در مَریضخانِه دانشگاه کارآموزی میکنم . دو ماه دیگر سه سال است که در آلمانم . انشاءالله "زِمِستر" بعد خیال دارَم اِمتِحان " فیزیکُم " بِدَهم . امتحان سخت و مهمّی است . اینست که حالا شروع کرده ام بخواندن کتابهائی که برای امتحان لازم است ...

امسال هم در برلن عید نوروز را جَشن میگیریم . هفته گذشته با عِدّه ای از ایرانیها دُورِ هم جمع

شدیم و راجع به جَشن نوروز صُحبَت ومَشوِرَت کَردیم .پانصد کارت چاپ کرده ایم و حالا کارت میفُروشیم . در این جشن عید ساز وآواز و رَقص ایرانی خواهیم داشت . خوب ،اینهم از خَبَرهای اینجا . برای اَقوام ودوستان من کارت تبریک بعید فرستاده ام . انشاءالله بِمُوقِع خواهد رسید . درجُوف کارت تبریک را گذاشته ام . تا نامه آینده از شماها خدا حافظی میکنم .

قربان محبّت شما   بیژن

پُستچی	Postbote
باز کردن	öffnen; aufmachen
حَق	Gott
چِنان	so
نُو	neu
جَمیع	alle; Gesamtheit
اُمور	Angelegenheiten
سَلامَتی	Gesundheit
خوشی	Glückseligkeit; Freude
زِندِگی کردن	leben
خوشحال	froh
تَعطیلی	Ferien
مَریضخانِه	Krankenhaus
کارآموزی	Praktikum
زِمِستِر	Semester
خیال داشتن	denken; vorhaben
اِمتِحان دادن	Prüfung ablegen
فیزیکُم	Physikum
شُروع کردن	beginnen, anfangen
جَشن گرفتن	feiern
عِدِّه ای	eine Anzahl
دُورِهَم جمع شدن	sich versammeln
جَشن	Feier
صُحبَت	Unterhaltung; Gespräch
مَشوِرَت کردن	beraten
مَشوِرَت	Beratung

چاپ کردن	drucken	خَبَر	Nachricht
فُروختن	verkaufen	اَقوام	die Verwandten
ساز و آواز	Musik und Gesang	بِمُوقِع	zeitig
ساز	Musikinstrument	دَرجُوف	beiliegend
رَقص	Tanz	جُوف	das Innere

صبح عید نوروز

خانم سهراب و آقای سهراب در اُطاقِ مِهمان هستند. عید نوروز را بیکدیگر تبریک میگویند. بعد منیژه و فرامرز وارد اطاق میشوند و با پدر و مادر سَر و روبوسی میکنند.

منیژه: مادرجان، عید شما مُبارَک باشد. صد سال باین سالها. انشاءالله همیشه سلامت و خوش باشید.

خانم سهراب: منیژه جان عیدت مبارک. امیدوارم که همیشه موفّق باشی.

فرامرز: مادر، عید را تبریک میگویم. امیدوارم که همیشه سالم و خوشحال باشید.

خانم سهراب: فرامرز عزیز، منهم بتو قلباً تبریک میگویم. از خدا میخواهم که در زندگی موفّق و مُوَیَّد باشی.

منیژه : پدر ، صُبح بِخَیر ! عید شما مبارک !
آقای سهراب : منیژه عزیز ، انشاءالله سال نو مبارک است . امیدوارم خُوشبَخت باشی .
فرامرز : پدر جان ، عید شما مبارک باشد !
آقای سهراب : عیدت مبارک ! امیدوارم خدا یارَت باشد .

منیژه : پدر ، حالا که ما بزرگ شده‌ایم دیگر شما بما عِیدی نمیدهید ؟
آقای سهراب : من یادَم هست که تا چند سال پیش روز عید شماها عیدی میگرفتید . حَتّیٰ فرامرز هم بتو عیدی میداد . امّا حالا دیگر بزرگ شده‌اید .
فرامرز : چه عِیبی دارد اگر حالا هم عیدی بگیریم ؟
خانم سهراب : در بعضی جاها هنوز رَسم است که بُزُرگها هم عیدی میگیرند . امّا در بیشتر خانِوادِه‌ها اینطور رسم شده که فقط بچه ها عیدی میگیرند .
منیژه : دیشب یکی در رادیو راجع به عید نوروز صحبت میکرد و میگفت این عید خیلی قَدیمی است و بزرگترین و مهمترین عید ایرانیهاست . میگفت آداب و عادات و رُسوم مَربوط به عید نوروز همه مَعنی دارد و بیخود نیست .

فرامرز : اینکه اوّل بهار را جشن میگیریم ، خودَش علامت اینست که زندگی جَدیدی را شروع میکنیم و البتّه باید انسان هم مثل بهار لباس نو داشته باشد ، باید انسان خوشحال باشد و باید غم و غُصّه را مثل بهار برای زمستان بگذارد ...

آقای سهراب : در این چند روز عید رادیو بَرنامِه خیلی خوبی دارد . هرروز ساز و آواز و موسیقی دارد .

منیژه : امروز بعد از ظهر نَمایِشِ رادیوئی است . امّا ما که منزل نیستیم .

خانم سهراب : معلوم نیست : ممکن است منزل باشیم . امروز صبح باید حتماً دو سه جا عِید دیدَنی برویم . فرامرز ، ساعت تو چند است ؟

فرامرز : ساعت من صد تومان است و کمتر هم نمیدهم .

خانم سهراب : شوخی نَکُن ، بگو ساعت چند است .

فرامرز : ساعت من نزدیک هفت و نیم است .

خانم سهراب : پس برویم چای بخوریم . چونکه باید اوّل زود برویم منزل مادَر بُزُرگ عید دیدنی .

منیژه : چرا اوّل هر سال میرویم منزل مادربزرگ ؟

خانم سهراب : برای اینکه اِحتِرامِ بمادر بزرگ

واجِب است .

آقای سهراب : بیائید برویم چای بخوریم و بعد برویم عید دیدنی .

خانم سهراب : بچه ها بیائید! چای سرد میشود .

اُطاقِ مهمان	Besuchszimmer, Gastzimmer
بیکدیگر	(zu)einander
سَرورُوبوسی کردن	Kopf und Gesicht küssen
مُبارَک	gesegnet; glückbringend
مؤیَّد	siegreich; geholfen
صُبح بخیر	Guten Morgen
خوشبَخت	glücklich
بَخت	Geschick, Schicksal
یار	Freund; Gehilfe
عِیدی	Neujahrsgeschenk
یاد	Erinnerung
حَتّی	sogar
چه عیبی دارد	was macht es ?
رَسم	Brauch
بُزُرگها	die Erwachsenen
خانواده	Familie
قدیمی	alt, altertümlich

عادات	Gewohnheiten
رُسوم	Gebräuche
مَربوط	betreffend
مَعنی	Bedeutung
بیخود	umsonst
خودَش	es selbst
جَدید	neu
غُصّه	Kummer
بَرنامه	Programm
موسیقی	Musik
نمایشِ رادیوئی	Hörspiel
که	doch
ماها که	wir doch
عیددیدَنی	Neujahrsbesuch
شوخی کردن	scherzen
مادرِ بُزُرگ	Großmutter
اِحتِرام	Achtung, Ehrfurcht
واجِب	notwendig

در منزل مادربزرگ

ساعت هشت و نیم صبح است . در اطاق مِهمان چند نفر مِهمان هست . مادر بزرگ روی مبل نشسته است . خواهر و شوهرخواهرِ خانم سهراب هم در اطاقند . خواهر خانم سهراب بمهمانها و بمادر بزرگ شیرینی تعارُف میکند . روی میز شیرینی و آجیل و میوه است . دخترخواهر خانم سهراب بمهمانها چای تعارف میکند . فامیل سهراب وارد اطاق میشود : همه آنها با مادر-بزرگ سر و روبوسی میکنند و بسایرین هم دست میدهند . عید را بِهمدیگر تبریک میگویند . آقای سهراب و خانمش بدختر خواهر خانم سهراب بعد عیدی میدهند ...

مادربزرگ : بفرمائید بنشینید ! خیلی خوش آمدید ! منیژه جان ماشاءالله چاقتر و قشنگتر شده است . فرامرز خان که دیگر مرد شده . مثل اینکه همین دیروز بودکه شماها بچه بودید و میآمدید پیش من که برایتان قِصّه بگویم ; وقت چه زود میگذرد . خوب ، انشاءالله خوشبخت باشید .

خانم سهراب : خانم بُزرگ حالتان چطور است ؟

مادربزرگ: اَلحَمدُ لِله بد نیستم. هوا خوب شده و حالم هم بهتر شده است.
آقای سهراب: کامِلاً هوای بهار است...
(چای میآورند و فامیل سهراب مشغول چای خوردن میشود. بعد مهمانها پا میشوند و خداحافظی میکنند و میروند.)
مادر بزرگ: این مهمانها از دوستان هستند. مَردمان خوبی هستند.
آقای سهراب: شما ها مُدَتّی است که منزل ما نیامده اید. باید قول بدهید که یک روز تعطیل از صبح بیائید خانه ما. خانم بزرگ، هوا خوب شده و برای شما هم راه رفتن بد نیست.
شوهرخواهر خانم سهراب: برای بازدید عید البتّه خواهیم آمد.
خانم سهراب: غِیر اَز بازدید باید یکروز همه از صبح بیائید پیشِ ما.
مادر بزرگ: بعد از عید انشاءالله یکروز میآئیم. میدانید که این چند روز دید و بازدید زیاد است و وقت کم...
خواهرخانم سهراب: بفرمائید شیرینی مِیل کنید!

میوه بفرمائید بخورید!

منیژه: من دیگر مِیل ندارم، خیلی متشکّرم.

فرامرز: امروز دُوسه جای دیگرهم عید دیدنی میرویم. خوْاه َنخوْاه باید آنجاهم شیرینی بخوریم. باید جا برای خوردن داشته باشیم.

آقای سهراب: ساعت نه ونیم است: باید دیگر برویم.

مادربزرگ: هنوز دیرنشده است.

خانم سهراب: باید منزل عمو وخاله و... برویم. بعد از ظهر هم باید منزل باشیم: مهمان میآید.

خواهرخانم سهراب: این روزهاکی خانه اید که بیائیم منزلتان.

خانم سهراب: ما فردا منزل میمانیم. پس فردا باید برویم عید دیدنی...

(فامیل سهراب خداحافظی میکند و میروند. تا ظهر سه جا عید دیدنی میروند و بعدمیروندمنزل)

مِهمان	Gast, Besuch	خوش آمدن	willkommen sein
شوهرخواهر	Schwager, Mann der Schwester	هَمین	gerade
تَعارُف کردن	anbieten	قِصّه	Märchen, Erzählung
بِهَمدیگر	zueinander	خانُم بُزُرگ	Großmutter

اَلحَمدُ لِلّه	Gott sei Dank
کامِلاً	vollkommen
خواهَرزادِه	Neffe; Nichte
مَردُمان	Leute, Menschen
مُدَّت	Zeitraum
مُدَّتی	eine Zeit lang
بازدید	Gegenbesuch
غِیر اَز	außer
پیشِ ما	zu uns
دیدوِبازدید	Besuch und Gegenbesuch
مِیل کردن	essen, nehmen
مِیل داشتن	mögen
خواه نَخواه	wohl oder übel, gern oder ungern

فامیل سهراب مهمان دارد

بعد از ظهر روز اوّل عید نوروز است . زنگ میزنند . منیژه در را باز میکند . دائی و زَن دائی منیژه آمده اند عید دیدنی .

منیژه : سلام علیکم ! بفرمائید تو ، عید شما مبارک! حال شما چطور است ؟

دائی : سلام ، منیژه خانم ! عید شما مبارک باشد !

زن دائی : منیژه جان ، عید مبارک باشد ! صد سال باین سالها ! آقا جان و خانم جان خانه هستند ؟

منیژه : بله ، بفرمائید توی اطاق ، الآن میآیند. بفرمائید روی مبل ، راحت تر از روی صندلی است. اطاق مهمان نِسبَتاً بزرگ است و آفتاب رو. آفتاب اطاق را رُوشَن وگرم کرده است . در

وَسط اطاق یک میز است پر از میوه و شیرینی و آجیل و آب نبات . دور اطاق نزدیک مبل و صندلی چهار میز کوچک است . روی این میزها هم شیرینی و آجیل و میوه گذاشته شده است . منیژه گلاب میآورد و در دست دائی و زن دائی گلاب میریزد . بوی گلاب اطاق را مُعَطّر میکند . دائی و زن دائی از منیژه تَشَکّر میکنند .)

دائی : چند ماه است که شما ها را ندیده ام .

منیژه : شنیدم که شما رفته بودید سَفَر .

دائی : بله ، رفته بودیم شیراز . تقریباً یکماه و نیم طول کِشید . سفر خوبی بود . با خانم باهم رفته بودیم . شیراز راستی شهر قشنگی است .

زن دائی : منیژه جان ، دبیرستان برای عید چند روز تعطیل است ؟

منیژه : یک هفته تعطیل داریم . فرامرز هم یک هفته تعطیلی دارد .

خانم سهراب : سلام علیکم ! عید شما مبارک باشد ! خوش آمدید . حالتان چطور است ؟

آقای سهراب : سلام ! عید را تبریک عرض میکنم . بچه ها چطورند ؟

دائی : خدا را شُکر ، همه سالمند . خوب ، سال

نو مبارک است .
زن دائی : امیدواریم که خوش باشید و در این سال جدید از سال قبل بیشتر خوشی داشته باشید . . .
خانم سهراب : راستی چرا بچه ها را با خودتان نیاورده اید ؟
زن دائی : رفته بودیم منزل خانم بزرگ و بچه ها آنجا ماندند .
دائی : مثل اینکه فرامرز رفته عید دیدنی .
آقای سهراب : بله ، رفت منزل دُوْ سه نفر از دوستانش برای عید دیدنی . . .
(صدای زنگِ دَر میآید . آقای سهراب در را باز میکند . برادر و زَن بَرادَر آقای سهراب با دو پسر شِش سالِه و هشت ساله برای عید- دیدنی آمده اند . بیکدیگر عید را تبریک میگویند . همه مشغول صحبت هستند . میگویند و میخندند . منیژه چای تعارف میکند . بعد از نیم ساعت چند نفر از اقوام برای عید دیدنی میآیند . دائی و زن- دائی خدا حافظی میکنند و میروند . . . در دُوْسه روز اوّل عید خیلی رفت وآمد هست . اقوام و آشناها و دوستان میآیند عید دیدنی . بعد از دو

سه روز رَفت وآمَد بِتَدریج کم میشود .)

زَن دائی	Frau des Onkels
نِسبَتاً	verhältnismäßig
آفتابرو	sonnig
رُوشَن	hell
وَسَط	Mitte
گُلاب	Rosenwasser
مُعَطَّر	duftend
تَشَکُّرکردن	sich bedanken
سَفَر	Reise
طول کِشیدَن	dauern
شُکر	Dank
زَنگ	Klingel, Schelle
زَن بَرادَر	Schwägerin, Frau des Bruders
شِش سالِه	sechsjährig
آشنا	bekannt; Bekannter
رَفت وآمَد	Besuch, Verkehr
بِتَدریج	allmählich

روز قبل ازسیزدَه بِدَر

دوازده روز از اوّل عید نوروز گذشته است . روزهای خوش عید گذشت . امّا هنوز "سیزده بدر" مانده است . فامیل سهراب میخواهد سیزده بدر برود . میگویند سیزده نَحس است و روز سیزدهم عید نباید درمنزل بود ... صبح زود است . همه در اطاق غذا-خوری هستند . بایکدیگر مشورت میکنند :

فرامرز : فردا چکارکنیم ؟

خانم سهراب : بد نیست برویم شِمیران .

منیژه: بنظر من هم خوب است. امّا باید برای فردا خوراک درست کنیم که ببریم.

آقای سهراب: فردا از اَهالی طهران خِیلی‌ها بشمیران میروند: خیلی فردا شُلوغ خواهد بود.

فرامرز: برویم بباغ حسن آقا. درسال گذشته هم آنجا بودیم. باغ قشنگی است. باو هفت هشت تومان میدهیم و تمام روز آنجا میمانیم.

خانم سهراب: پیشنهاد بدی نیست.

آقای سهراب: با اُتُوبوس رفتن کار راحتی نیست. فردا جَمعیَّت زیاد است و اُتُوبوس بِقَدرِ کافی نیست. باید خیلی منتظر بشویم.

منیژه: پدر، یک تاکسی میگیریم و راحت میرویم تا باغ.

آقای سهراب: بسیار خوب!

خانم سهراب: پس من باید زودتر بروم و برای فردا خرید کنم...

سیزده	dreizehn	اَهالی	Bevölkerung
سیزدَه‌بِدَر	„am Dreizehnten hinausgehen"	خِیلی‌ها	viele
نَحس	unheilvoll; unglückbringend	شُلوغ	durcheinander
شِمیران	Vorort von Teheran	اُتُوبوس	Autobus

جَمعیّت Menschenmenge
بِقَدرِ کافی genügend

تاکسی Taxi

در روز سیزده بدر

ساعت شش صبح است . فامیل سهراب دارد صبحانه میخورد . دارند راجع به چیزهائی که لازم است باخودشان ببرند صحبت میکنند :

خانم سهراب : یک قالیچه لازم داریم که درباغ پهن کنیم و روی آن بنشینیم .

منیژه : فرامرز، وَرَقِ بازی و توپ را فراموش نکنی .

آقای سهراب : چندتا مجلّه و روزنامه هم برای خواندن ببریم .

خانم سهراب : برای ناهار و شام من بِاَندازهِ کافی خوراک درست کرده ام .

منیژه : چندتا بشقاب و چاقو و قاشق آوردم . لیوانِ آب خُوری و نمکدان هم لازم است . سبزی خوردَن را در باغ پاک میکنیم و میشوریم . وسائِلِ چای درباغ هست . دیگر لازم نیست سماور و قوری ببریم . امّا چای و قند و شکر باید برد .

فرامرز: من میروم یک تاکسی پیدا کنم ...
(فرامرز در خیابان یک تاکسی خالی می بیند. بعد دست بُلند میکُنَد. تاکسی نِگَه میدارَد):
فرامرز: میخواهیم برویم به شمیران. بفرمائیدکه چند میگیرید؟
شوفِر تاکسی: هشت تومان میشود.
فرامرز: معمولاً چهار یا پنج تومان است.
شوفر تاکسی: بله، امّا امروز سیزده بدر است. از شمیران کسی بطهران نمیآید. همه امروز به شمیران میروند. باید از شمیران من خالی برگردم.
فرامرز: خُوْب، شش تومان.
شوفر تاکسی: هفت تومان کمتر اصلاً نمیشود.
فرامرز: بسیار خوب، صبر کنید الآن میآئیم ...
(فرامرز بهمه میگوید که تاکسی گرفته و اینکه تاکسی منتظر است. همه سَوار تاکسی میشَوَند و بِطَرَفِ باغ میروند. بعد از نیم ساعت میرسند بباغ حسن آقا. در میزنند و حسن آقا در را باز میکند.)

آقای سهراب: سلام علیک، حسن آقا!
حسن آقا: سلام از بنده است، آقای دکتر. خوش آمدید! بفرمائید تو. الآن میگویم که برایتان فرش بیاورند و توی باغ پهن کنند.
خانم سهراب: متشکّریم، ما خودمان یک قالیچه آورده ایم. اگر ممکن است بفرمائید بما سماور و قوری بدهند.
حسن آقا: البتّه خانم، الآن میگویم بیاورند. نیم ساعت پیش دُو فامیل دیگر هم آمدند وحالا در باغ هستند. باغ هنوز درست سبز نشده امّا بااینحال قشنگ است. هوا هم خیلی گرم وخوب شده است.
فرامرز: بله، امروز آفتاب خیلی گرم وخوب است. آدم دلش میخواهد توی آفتاب دو سه ساعت دِراز بِکِشَد.
منیژه: مثل اینکه فرامرز تو دیشب کم خوابیده‌ای.
(فرامرز قالیچه را پهن میکند. حسن آقا هم سماور و قوری و سینی و استکان و قاشق چای-خوری میآورد. بعد چای درست میکنند و همه چای میخورند. بعد از دوساعت باز چند نفر

بباغ میآیند : پَتو پهن میکنند روی زمین و می نشینند.)
آقای سهراب : گمان میکنم آب وهَوای اینجا اصلاً انسانرا زود گرسنه میکند : من گرسنه ام .
خانم سهراب : شیرینی داریم . توی کیف دَستی است . امّا زیاد نخورید ، سیر میشوید : یکساعت دیگر میخواهیم نهار بخوریم .
منیژه : فرامرز ، بیا برویم کمی توپ بازی کنیم .
فرامرز : آنطرَف باغ هم چند تا جوان هستند. آنها را هم صدا میکنم . چَند نفَری بهترمیشود بازی کرد . . .
(منیژه و فرامرز و چند نفر دیگر میروند باهم والیبال بازی میکنند . . . ظهر همه ناهار میخورند و بعد کمی در آفتاب استراحت میکنند . پس از آن بُلَند میشَوَند ، چای میخورند . بعد باهم کمی ورق بازی میکنند . پس از آن میروند در باغ گردش میکنند . عصر خوراک میخورند . . . بعد بحسن آقا پول میدهند . خداحافظی میکنند و با زَحمَت زیاد تاکسی میگیرند و بمنزل میروند.

وَرَقِ بازی Spielkarten | توپ Ball

بِاَندازِهٔ کافی	genügend
لیوانِ آبخوری	Trinkglas
سَبزیِ خوردَن	Küchenkräuter
وَسائِل	die Mittel
خالی	frei, leer
بُلَند کَردن	erheben
نِگَهداشتَن	halten
شوفِر	Chauffeur
سَوار شُدَن	einsteigen
بِطَرَفِ	in der Richtung; nach
با اینحال	trotzdem
دِراز کِشیدَن	sich hinlegen
سینی	Tablett
پَتو	(Woll)decke
آب وهَوا	Klima
کیف دَستی	Handtasche
توپ بازی	Ballspiel
آنطَرَف	auf der anderen Seite
چَند نَفَری	zu mehreren
بازی کَردن	spielen
والیبال	Volleyball
بُلَند شُدَن	aufstehen
زَحمَت	Mühe

در مَطَب آقای سهراب

ساعت ده صبح است. در اُطاقِ اِنتِظار چند تا مریض منتظرند. در اُطاقِ مُعایِنه باز میشَوَد. مریض از دکتر خداحافظی میکند و از اطاق بیرون میآید. بعد خانمی با بچه‌اش وارد اطاق میشود:

خانم: سلام، آقای دکتر!

دکتر سهراب: سلام علیکم، خانم! حال بچه چطور است؟

خانم : از مَرحَمَت شما بهتر شده ، امّا هنوز کاملاً خوب نشده است . دیگر تَب ندارد، ولی دیروز و پَریروز دوسه دفعه دِل دَرد گِرِفت .

دکتر سهراب : سه چهار روز به بچه باید خوراک سادِه بدهید . عجالَتاً گوشت ندهید. باید خوب مواظب باشید که سرما نخورد . حالا بعد از این مَرَض بچه ضَعیف شده و زود سرما میخورد ... لباس بچه را بِکَنید تا من از سر تاپا او را خوب مُعایِنِه کُنَم ...

(دکتر سهراب بچه را معاینه میکند و بعد دَرِجِه زیر بَغَل بچه میگذارد .)

دکتر سهراب : چند روز دیگر هم از این بچه خوب مُواظِبَت کُنید تا کاملاً خوب بشود. یک شَرَبَت هم مینویسم :روزی سه دفعه و هر دفعه یک قاشق سوپ خُوری باید بخورد .

خانم : خدا حافظ شما ، آقای دکتر !

دکتر سهراب : مَرحَمَت زیاد ، خانم !

(دکتر سهراب در را باز میکند . خانم و بچه اش میروند . بعد یک مرد وارد اطاق میشود.)

مرد : سلام علیکم!
دکتر سهراب : حالتان چطور است؟
مرد : نَفَس تَنگی دارم . چند روز است بدتر شده . خیلی سخت نَفَس میکِشَم . دارم من خَفِه میشَوَم .
دکتر سهراب : سرما خورده اید؟
مرد : بله ، یک کمی زُکام شده‌ام .
دکتر سهراب : زبانتان را ببینم . . . زبان شما بار دارد . سیگار میکِشید؟
مرد : بله ، روزی ده پانزدَه تا .
دکتر سهراب : یک نُسخِه برایتان مینویسم : این شربت و حَبّ است . این شربت را دَواخانِه باید خودش درست کند . هر دو ساعت یک قاشق چای خوری بخورید . حبّ ها را صبح و ظهر و شب باید خُوْرد . حبّ را بِمکید ، نجوید . یک هفته اصلاً نباید سیگار بکشید . بعد هم سیگار کشیدن را کم کم تَرک کُنید : برای ریهِ شما مُضِرّ است . سه روز بعد دو باره بیائید پیش من . . .
مرد : چشم ، آقای دکتر ، لُطفِ شما زیاد !

دکتر سهراب : مرحمت زیاد !
(این مریض از در بیرون میرود وبعد یک زن و شوهر باهم وارد اطاق میشوند.)
شوهر : آقای دکتر ، دو سه ساعت است که خانم من دلش سخت درد گرفته بِطوریکهِ دیگر خودش نمیتواند خوب راه برود.
زن : آقای دکتر ، دارم میمیرم.
دکتر سهراب : شما بروید فوراً یک تاکسی بگیرید و خانم را ببرید بِمَریضخانِه . من بمریضخانه تِلِفُن میزَنم که چه باید بکنند. (آهسته بشوهر): آپاندیس است و باید فوراً عَمَل بِکُنَند ... یک آمپول بایشان میزَنم که درد کم بشود.
(این خانم را شوهرش باتاکسی میبرد بمریضخانه وآقای سهراب بمریضخانه تلفن میزند :
دکتر سهراب : کجاست ، آقا؟
صِدا : مریضخانه ... دکتر رُوحانی. بفرمائید کی هستید ، آقا ؟
دکتر سهراب : بنده ، دکتر سهراب . سلام علیکم !
من الآن خانمی را فرستادم پیش شما. آپاندیس دارد و باید فوراً عمل کنید. خواهش دارم که

نَتیجِه عَمَل را بمن تِلِفُناً اِطِّلاع بِدَهید .
صدا : بسیار خوب ، الآن دَستور میدهم وَسائِل عمل را حاضر کنند . خدا حافظ شما !
دکتر سهراب : لطف شما زیاد !
(دکتر سهراب بازهم چند مریض را معاینه میکند: یکی رُماتیسم دارد و قلبش ناراحت است، یکی پُشت درد دارد و دیگری کِسالتِ کَبِد دارد و سوءِ هاضِمه . خانمی زَخمِ مَعِدِه دار ودختری اِسهالِ خونی . دکتر سهراب همه رامعاینه میکند و دستور خوراک میدهد و نسخه ... (تلفن زنگ میزنند) :
دکتر سهراب : بفرمائید ، آقا !
صدا : آقای دکتر ، خانم را عمل کردیم . بِخیر گُذَشت . اگر نیم ساعت دیرتر شده بود دیگر عمل فایدِه ای نداشت .
دکتر سهراب : خیلی ممنونم که بمن تلفن زدید. خدا را شکر که بِمَوقِع رسیدند ، مرحمت شما زیاد !
صدا : لطف شما کم نشود !

مَطَب Arztpraxis | اُطاقِ اِنتِظار Wartezimmer

اُطاقِ مُعاینِه	Untersuchungszimmer
باز شُدَن	aufgehen
مَرحَمَت	Güte, Wohlwollen
تَب	Fieber
دیروز	gestern
پَریروز	vorgestern
دِل دَرد گِرِفتَن	Bauchschmerzen bekommen
سادِه	leicht
عِجالَتاً	vorläufig
مَرَض	Krankheit
ضَعیف	schwach
کَندَن	ausziehen
مُعاینِه کَردَن	untersuchen
دَرَجِه	Thermometer
بَغَل	Achselhöhle
مُواظِبَت کَردَن	achten auf
شَربَت	Sirup
سوپ	Suppe
مَرحَمَت زیاد	Auf Wiedersehen
نَفَس تَنگی	Atemnot, Asthma
نَفَس	Atem
تَنگی	Beengung, Not
نَفَس کِشیدَن	atmen
خَفِه شُدَن	erstickt, erwürgt werden

زُکام	Schnupfen
بار داشتَن	belegt sein
سیگار کِشیدَن	rauchen
سیگار	Zigarette
پانزدَه تا	fünfzehn Stück
نُسخِه	Rezept
حَبّ	Tablette
دَواخانِه	Apotheke
مِکیدَن	lutschen
غورت دادَن	hinunterschlucken
تَرک کَردَن	abgewöhnen
ریِه	Lunge
مُضِرّ	schädlich
لُطفِ شُما زیاد	Auf Wiedersehn
بِطُوریکِه	so, daß
فَوراً	sofort
مَریضخانِه	Krankenhaus
تِلِفُن زَدَن	anrufen
آپاندیس	Blinddarm
عَمَل کَردَن	operieren
آمپول زَدَن	Spritze geben
آمپول	Spritze
صِدا	Stimme

رُوحانی Familienname	کَبَد Leber
نَتیجِه Ergebnis	سوءِهاضِمه Verdauungsstörung
عَمَل Operation	زَخمِ مَعِدِه Magengeschwür
تِلِفُناً per Telephon	مَعِدِه Magen
اِطّلاع دادَن benachrichtigen	اِسهالِ خونی rote Ruhr
دَستور دادَن anordnen	اِسهال Durchfall
وَسائِل die Mittel	بِخِیر گُذَشت es ging gut vorüber
رُماتیسم Rheuma	فایدِه Nutzen
پُشت دَرد Rückenschmerz	بِمُوقِع zeitig
کِسالَت Unbehaglichkeit; Krankheit	

نامه ازیک مریض

آقای سهراب نامه‌ای دَریافت میکُنَد و آنرا باز میکند و میخواند:

جنابِ دُکتُر سهراب!

پس از عَرضِ اِرادَت میخواستم بنده جَرَیان معالجه را برایتان بنویسم. تقریباً دو هفته است که خانم و بنده در «آب گرم» هستیم. هر روز خانم دومَرتبِه توی حمّام آبِ مَعدَنی میرود. حالش خیلی بهتر است. تقریباً درد رماتیسمی خانم خوب شده است. میخواهم از شما بپرسم که اگر ضرری ندارد، دوهفته دیگر

باز اینجا بمانیم، تا انشاءالله بِکُلّی درد خوب شود. مَعذِرَت میخواهَم که مُزاحِم شما میشوم. امّا چون در این ده طبیب نیست، چارِه ای نداشتم. خانم بنده بشما سَلام میرِسانَد.

اِرادَتمَند ...

جواب نامه

آقای... نامه شما را خواندم. خوشحال شدم که حال خانم بهتر شده است. اِدامِه معالجه باآب معدنی اِشکالی ندارد. امّا مُتوَجِّه باشید که در روز بیشتر از دومرتبه توی آب معدنی نروند و بیشتر از نیم ساعت درآب نمانند. خدمت خانم سلام برسانید. انشاءالله درد کاملاً خوب خواهد شد.

با تَقدیم احترام ، دکتر سهراب

دَریافت کردن	empfangen	مَرتِبه	Mal
جِناب	Herr	آبِ مَعدَنی	Mineralwasser
عَرض	Darlegung	بِکُلّی	gänzlich
اِرادَت	Ergebenheit	مَعذِرَت خواستَن	sich entschuldigen
جَرَیان	Lauf, Gang (Vorgang)	مُزاحِم	belästigend, lästig
"آب گَرم"	ein Kurort in Persien	چارِه	Mittel; Ausweg

سَلام رِساندَن	grüßen lassen	اِشکال	Hindernis; Schwierigkeit
اِرادَتمَند	Ergebener	مُتوَجِه	aufmerksam; vorsichtig
اِدامِه	Fortsetzung	تَقدیم	Überreichung

فامیل سهراب بِعَروسی دَعوَت شُدِه است

یکی از دوستان منیژه باسم شَهین عروسی دارد: کارت عروسی فرستاده است. منیژه کارت را باز میکند و میخواند:

فامیلِ مُحتَرَم جناب دکتر سهراب!
مُتِمَنّی است در جشن ازدواج نورچشمان، دوشیزِه شهین طِهرانی و مُهندِس فِریدون ناجی، که روز نهم مُرداد ۱۳۴۰ ساعت هفت و نیم بعد از ظهر مُنعَقِد میشَوَد شِرکَت فَرموده ما را سَرافراز و قَرین سُرور و اِمتِنان فرمائید.

محمّد طهرانی   حسن ناجی

آدرِس: تَجریش: خیابان... نُمرِه...

منیژه کارت دعوت را میبرد پیش پدرش:
منیژه: پدر، میدانی که شهین پس فردا شب عروسی میکند؟ ما ها را هم دعوت کرده است.

وقت دارید که همه با هم بعروسی برویم؟
آقای سهراب: بله، منیژه، پس فردا شب من کاری ندارم. از مادرت و فرامرز هم پرسیده‌ای که آیا وقت دارند یا نه؟
منیژه: نه هنوز. حالا میروم میپرسم ... مادر، پس فردا شب بعروسی شهین دعوت داریم. شما میآئید؟
خانم سهراب: البتّه، منیژه.
فرامرز غروب میآید منزل. منیژه از او هم میپرسد که برای عروسی وقت دارد یا نه. فرامرز هم در جواب میگوید که وقت دارد.

عروسی	Hochzeit; Hochzeitsfeier	فریدون	Eigenname (männl.)
دعوت شدن	eingeladen werden	ناجی	Familienname
دعوت	Einladung	مرداد	Name des 5. Monats des iranischen Sonnenjahres
شهین	Eigenname (weibl.)	منعقد شدن	stattfinden
محترم	geehrt	شرکت فرمودن	teilnehmen
متمنّی	bittend	سرافراز	beehrt
نور چشم	Augenglanz, Augenlicht = Kind, Sohn oder Tochter	قرین	verbunden
دوشیزه	Fräulein	سرور	Freude
طهرانی	Familienname	امتنان	Dankbarkeit

آدرِس	Adresse	دانِستَن	wissen
تَجریش	Ein Vorort Teherans	آیا	ob
نُمرِه	Nummer	غُروب	(früh am) Abend

در جشن عروسی

تابِستان است و هوا گرم. باغ بزرگی است پر از گل و درخت. هوای باغ بوی گل میدهد. روبِروی در باغ ساختِمانی است دو طَبَقِه. در این ساختمان فامیل داماد زندگی میکند. پدر داماد تاجر ثِروَتمندی است. باغ و ساختمان مُتَعَلِّق باوست. پدر داماد شخص مُوَقَّری است ... عروسی را در باغ گرفته اند: تقریباً شَصت میز در باغ است. دورهرمیز چهار یا پنج صندلی گذاشته اند. روی میزها پر از میوه و شیرینی و آجیل است. باغ را با چراغهای رَنگی مُزَیَّن کرده اند. در مُحَوَّطِه ای که میز و صندلی هست، چند تا درخت سَرو و درخت تَبریزی بزرگ است. ساعت نزدیک هشت شب است. اُرکِستر ایرانی نَواهای ایرانی مینَوازَد. خانم خوانَندِه ای

باصدای خوش تَرانِه مَحَلّی میخواند. مهمانها مشغول حرف زدن وخوردن هستند. خانواده سهراب وارد باغ میشود. یکدَستِه گُل دردست منیژه است ویک هِدیِه عَروسی دردست خانم سهراب. همه باپدر ومادر عروس وداماد سلام علیک میکنند وتبریک میگویند. بعد عروس وداماد را می بینند. دسته گل وهدیه را بآنها میدهند.
عروس لباس سفید قشنگی بِتَن دارد ویک گل درمیان موها. داماد کت وشلوار مِشکی دارد.
عروس وداماد میآیند پیش فامیل سهراب. بعد منیژه میرود جلو وباعروس سر وروبوسی میکند:
منیژه: شهین جان مبارک باشد. انشاءالله که همیشه باهم خوش وخوشبخت باشید.
(بعد هم منیژه بداماد دست میدهد وتبریک باو میگوید.)
خانم سهراب: تبریک میگویم. امیدوارم شماها سعادَتمَند باشید.
(خانم سهراب بعروس وداماد دست میدهد.)
شهین: از مرحمت شما متشکّرم.
آقای سهراب: صَمیمانِه تبریک میگویم.

فرامرز: مبارک است!
منیژه: (آهسته) شهین جان امشب تو خیلی قشنگ شده‌ای. لباس عروسی تو هم خیلی ساده و دَر عِینِ حال قشنگ است.
شهین: منیژه، راستی تو کی کارت دعوت عروسی برای ما میفرستی؟
منیژه: انشاء الله چند سال دیگر.
شهین: شوخی نکن. کم‌کم نوُبَتِ تو میشوَد.
(شهین با داماد میرود پیش سایِر مهمانها. پدر عروس بفامیل سهراب جا نشان میدهد. پیشخِدمَت چای و شَربَت و بَستَنی میآورد. ساعت ده میشود. عدّه‌ای از مهمانها خدا-حافظی میکنند و میروند. عدّه‌ای دیگر بشام دعوت دارند. ساعت ده و نیم برای صَرف شام میروند بِسالُن خانه. برای شام جوجِه سرخ کرده و دوسه نوع پلوخُوْرِش درست کرده اند. دوسه جور سالاد هست. دو نوع شربت روی میزها هست. بعد از شام چای میخورند. آوازِه خوْان آواز میخوانَد و مُطرِب بنوای او تار میزَنَد... ساعت یک و نیم بعد از

نصف شب فامیل سهراب خداحافظی میکند و میرود منزل. امّا عروسی تا ساعت چهار بعد از نصف شب اِدامِه دارد ...)

تابِستان	Sommer
رُوبِرو	gegenüber
ساختِمان	Gebäude
طَبَقِه	Stockwerk
ثِروَتمَند	reich
مُتَعَلِّق	gehörig
مُوَقَّر	würdevoll
شَصت	sechzig
رَنگی	farbig
رَنگ	Farbe
مُزَیَّن	geschmückt
مُحَوَّطِه	Platz, Stelle
سَرو	Zypresse
تَبریزی	Pappel
اُرکِستر	Orchester
نَوا	Melodie
نَواختَن	spielen auf
خوانَنده	Sänger
تَرانِهٔ مَحَلّی	Volkslied

دَستِه گُل	Blumenstrauß
هِدیهٔ عَروسی	Hochzeitsgeschenk
هِدیه	Geschenk
تَن	Körper
میان	unter; Mitte
مو	Haar
مِشکی	schwarz
سَعادَتمَند	glücklich
صَمیمانِه	herzlich, innig
دَرعِینِ حال	zugleich
نُوبَتِ تو میشَود	du kommst an die Reihe
سایِر	andere; Rest
پیشخِدمَت	Diener
شَربَت	Scherbett
بَستَنی	(Speise-)Eis
صَرف	das Verzehren
سالُن	Saal, Salon
جوجِه	Hühnchen, Küken

تُوع	Sorte, Art	مُطرِب	Musikant
جور	Sorte	تار	persisches Musikinstrument
سالاد	Salat	تار زَدَن	auf dem „Tar" spielen
آوازِه‌خوان	Sänger	اِدامِه	Fortsetzung
آوازخواندَن	singen		

فرامرز بدوستش نامه مینویسد

طهران ، بتاریخ ۳،۴،۱۳۴۰

دوست عزیز ! انشاءالله که سلامتی . دوهفته پیش نامه‌ات رسید وخیلی خوشحال شدم از اینکه تو نوشته بودی برای خودت کارِ مُناسِب وخوبی پیدا کرده ای . من مثل سابِق مشغول تحصیل هستم . بعضی دَرسها خودم خیلی عَلاقِه دارم . امّا یکی دو درس هست که باید مَجبورَاً خواند . میدانی که حالا دانشگاه تعطیل است . دانِشجوهای آلمانی در تابستان وزمستان تعطیلی دارند ولی ما فقط در تابستان تعطیلی داریم . بیژن نوشته که مُتِأسِف است که فُرصَت ندارد برای همه یِک بِیک نامه بنویسد و بتو خیلی سلام رسانده است . ممکن است که من و منیژه و مادرم برای دوسه هفته بشیراز بیائیم.

من شَخصاً خیلی علاقه دارم شیراز راببینم. خیلی
تَعریف شیراز را شنیده‌ام. سَعدی و حافِظ هر-
دو شیرازی بودند و باعِثِ اِفتخار ایران. میگویند
در قرن گذشته در شیراز پیغمبری ظاهر
شده است. وقتیکه آمدیم آنجا، مثل سابق شبها
صحبت از دُنیا و آخِرَت میکنیم. سلام مرا لُطفاً
خدمت والِدَین برسان. قربان محبّت تو،

فرامرز

(فرامرز نامه را توی پاکت میگذارد. روی آن
اسم و آدرس مینویسد و تَمبر می چسباند. بعد
نامه را میبرد میاندازد توی صَندوقِ پُست.)

مناسِب	passend, günstig
سابِق	früher
دَرس	Unterrichtsfach, Lehrfach
عَلاقِه	Interesse
مَجبوراً	gezwungenerweise
دانِشجو	Student
مُتأسِف	traurig; bedauernd
فُرصَت	Gelegenheit
یِک بِیِک	einzeln
شَخصاً	persönlich
تَعریف	Beschreibung; Lob
سَعدی	persischer Dichter
حافِظ	Persischer Dichter
باعِث	Ursache
اِفتِخار	Ehre; Ruhm
دُنیا	Welt
آخِرَت	Jenseits
لُطفاً	gefälligst
والِدَین	Eltern
تَمبر	Briefmarke

چَسباندَن kleben
صَندوق Kasten

پُست Post
صَندوقِ پُست Briefkasten

سفر بشیراز

آقای سهراب نمیخواهد سفرکند، برای اینکه نمیخواهد مطب را بِبَندَد. امّا بقیّه فامیل سهراب میخواهند بروند بشیراز. آقای سهراب در طهران میماند. تقریباً دوهفته است که یک کلفت آورده اند. این کلفت برای آقای سهراب ناهار و شام درست میکند... فرامرز میرود بِلیط اتوبوس بخرد:

فرامرز: سه بلیط اتوبوس برای شیراز میخواهم. کی اتوبوس میرود بشیراز؟

بلیط فروش: پس فردا صبح ساعت هشت. باید چمدانها را فردا بدهید.

فرامرز: مَگَر هر روز اتوبوس بشیراز نمیرود؟

بلیط فروش: چرا، آقا، امّا برای فردا جا نداریم.

فرامرز: چند ساعت دَر راه خواهیم بود؟

بلیط فروش: تقریباً یک شَبانِه روز. شب را در اِصفَهان میخوابید. اصفهان سَرِ راه شیراز

است . رویِهَمرَفتِه ۲۲ تا ۲۴ ساعت طول میکشد .

فرامرز: خواهش دارم سه بلیط بدهید. بفرمائید چند میشود ؟

بلیط فروش : هر بلیط چهل تومان است. سه بلیط میشود صدو بیست تومان. اگر اِضافِه‌بار داشته باشید، عَلیٰحِدِه حِساب میشَوَد...

(فرامرز پول بلیط را میپَردازَد و بلیطها را میگیرد و میرود منزل. خانم سهراب و منیژه مشغول بَستَن اَثاثیِه سَفَر هستند... روز بعد فرامرز چمدانها را تَحویل اِدارِه مُسافِر-بَری میدَهد. کیف دستی را با خود شان باید ببرند. در صبح روز مُعَیَّن با اتوبوس بطرف شیراز میروند و بعد از یک شبانه روز میرسند.)

بَستَن	schließen	سَرِ راه	auf dem Wege
بلیط	Fahrkarte	رویِهَمرَفتِه	alles in allem
مَگَر	etwa	اِضافِه‌بار	Übergewicht
دَر راه	unterwegs	عَلیٰحِدِه	extra
شَبانِه‌روز	Tag und Nacht	حِساب‌شُدَن	berechnen
اِصفَهان	Esfahān (pers. Stadt)	پَرداختَن	bezahlen

بَستَن	packen	اِدارِه	Büro
اَثاثیهِ سَفَر	Reisebedarf	مُسافِر	Reisender
تَحویل دادن	abliefern	مُعَیَّن	bestimmt, festgesetzt
اِدارِهٔ مُسافِربَری	Reisebüro		

در شیراز

فرامرز : اوّل باید یک مِهمانخانه پیدا کنیم و اطاق بگیریم و اثاثیه را ببریم آنجا . من میروم بپرسم اینجا هُتِل کجا هست .

منیژه : سفر خیلی خوبی بود . هوا هم مُناسِب و خوب بود .

خانم سهراب : منیژه ، گرسنه هستی ؟

منیژه : بله ، گرسنه ام .

فرامرز : بیائید برویم ! مهمانخانه در همین نزدیکی است . یک حَمّال هم آوردم که چمدانها را بیاورد . (بحمّال) : بیا داداش این چمدانها را بردار برویم . کیف دستی را من میآورم …

در مهمانخانه

فرامرز : آقا ، اطاق خالی دارید ؟

صاحب مهمانخانه : بله آقا ، چند تا شما اطاق

میخواهید ؟

خانم سهراب : یک اطاق دو تَختِخوابِه و یک اُطاقِ یِکنَفَرِه .

صاحب مهمانخانه : بفرمائید برویم اطاقها را نشانتان بدهم ... این اطاق دُونَفَرِه است. آفتاب رو و تمیز و خوب است .اگرمی پَسندید، بفرمائید که بگویم ملافه‌ها را عَوَض کنند وحُولِه و صابون برایتان بیاورند .

خانم سهراب : این اطاق بد نیست .آبِ جاری ندارد ، امّا تمیز است و قشنگ .

صاحب مهمانخانه : بفرمائید این یکی اطاق را هم مُلاحِظِه بِفَرمائید ...

فرامرز: این اطاق هم برای من خوب است.

بفرمائید قیمت این اطاقها چند است ؟

صاحب مهمانخانه : اطاق دونفری شَبی سی و- پنج تومان و اطاق یک نفری شبی هِفدَه تومان.

خانم سهراب : ما خیال داریم دو سه هفته اینجا باشیم .تخفیف هم میدهید ؟

صاحب مهمانخانه : اگر بیشتر از یک هفته شما تَشریف داشتِه باشید ، البتّه تخفیف هم میدهم.

خانم سهراب : خیلی خوب ، این دُو اطاق را میگیریم.
منیژه : مادر ، یک کمی دست و صورتمان را اوّل بشوریم و بعد برویم غذا بخوریم . من خیلی گرسنه ام .
صاحب مهمانخانه : وقتیکه از در مهمانخانه بیرون تَشریف بُردید ، طرف دَستِ راست یک رَستوران هست . دَستِ چپ هم تقریباً بِفاصِلهِ صد متر رستورانی هست که غذاهای مختلف دارد . . .
فرامرز : من میروم یک کمی دراز میکشم . نیم ساعت دیگر یا میشوم برویم غذا بخوریم .
صاحب مهمانخانه : هر وقت خواستید که بیرون تشریف ببرید ، در اطاق را ببندید . کِلید اطاق را الآن بشما میدهم . . .

بِمِهمانخانِه	Hotel, Gasthof	اُطاقِ دو- تَختِخوابِه	Doppelzimmer
هُتِل	Hotel	اُطاقِ یِکنَفَرِه	Zimmer für eine Person
مُناسِب	passend, günstig	اُطاقِ دونَفَرِه	Zimmer für zwei Personen
حَمّال	Gepäckträger	پَسَندیدَن	wählen; gefallen
دادِاش	Bruder	عَوَض کردن	wechseln
دوتَختِخوابِه	mit zwei Betten	حُولِه	Handtuch
تَختِخواب	Bett		

آب جاري	fließendes Wasser	دَست راست	rechts, rechte Hand
مُلاحِظه فرمودَن	betrachten	رَستوران	Restaurant
شَبی	pro Nacht	دَست چپ	links, linke Hand
هِفدَه	siebzehn	فاصِله	Entfernung
تَشریف داشتَن	bleiben	کِلید	Schlüssel
تَشریف بُردَن	gehen		

در رستوران

پیشخدمت : بفرمائید آن بالا جاهست . چه مِیل دارید ؟ چند نوع پلوخورش داریم .
خانم سهراب : برای من پلوخورش قِیمِه بیاورید.
منیژه : منهم پلوخورش قیمه میخورم .
فرامرز : جوجِه کَباب دارید ؟
پیشخدمت : نه آقا ، مُتِأسِفانِه نداریم . امّا پُلُو-خورِشِ بادِنجان اینجا معروف است .
فرامرز : خیلی خوب ، همانرا برای من بیاورید.
پیشخدمت : دوغ میل دارید یا لیموناد ؟ چند جور لیموناد داریم.
منیژه : من دوغ میخواهم .
فرامرز : برای من لیموناد بیاورید .
خانم سهراب : برای منهم همینطور . . .
فرامرز : فردا برویم منزل دوست من . خیلی

جوان عاقِل و مَعقولی است . یکسال است که در شیراز است . ماها را ببیند ، خیلی خوشحال میشود .
پیشخدمت : بفرمائید آقا ، این خوراک شما. خانم یک دقیقه صبر کنید ، خوراک شما راهم الآن میآوردم.
فرامرز : من صبر میکنم تا غذای شما را بیاورد.
خانم سهراب : تو شُروع کُن بخور . خوراک سرد میشود .
منیژه : راستی در مهمانخانه حمّام دارد ؟
خانم سهراب : فکر نمیکنم .
فرامرز : حتماً هتل بهتر در شیراز هست ، امّا برای ما گران است : پدر وَر شِکَست میشَوَد. بخصوص پدر میخواهد چَند وَقتِ دیگر ماشینِ- شَخصی بخرد . بایدکمی هم صَرفِه جوئی کرد .
منیژه : با اتوبوسی که سفرکردیم خیلی خوب بود: هم راحت بود و هم نسبتاً تُند میرفت .
پیشخدمت : بفرمائید خانم ، اینهم چلوخورش شما ها . مثل اینکه تازه بشیراز تَشریف آورده اید.
منیژه : شما از کجا فهمیدید ؟
پیشخدمت : خانم ، ما سالهاست اینجا کار میکنیم.

کم کم یادگرفته ایم که مسافرها را بتوانیم خوب بشناسیم ... دوغ و لیموناد خُنک الآن خدمتتان میآورم .

فرامرز : آقا، شما اَهلِ شیرازید؟

پیشخدمت : بله آقا، اهل همین شهرم .

(پیشخدمت میرود لیموناد و دوغ بیاورد.)

فرامرز : شنیده بودم که شیرازیها خیلی خوش لَهجِه هستند، امّا حالا دیدم که این پیشخدمت چه قشنگ حرف میزند. مثل اینکه درصدایش موسیقی دارد...

(هر سه خسته اند. خوراک خورده اندوسیر شده اند. دوغ و لیموناد رَفعِ تِشنِگی کرده است. حالا میخواهند بروند بمهمانخانه .)

خانم سهراب : آقا، صورَت حِساب ما را بدهید.

پیشخدمت : حساب شما میشود نه تومان ونیم .

فرامرز : بفرمائید، این ده تومان. بقیّه اش هم اَنعام شماست .

پیشخدمت : خیلی متشکّرم آقا. انشاءالله که از خوراک راضی هستید .

فرامرز : بله، خوب بود. بازهم میآئیم اینجا .

خدا حافظ شما !
پیشخدمت : بازهم تشریف بیاورید . مرحمت شما زیاد ! لطف شما زیاد !
فرامرز : مهمانخانه ما باینجا نزدیک است. البتّه بازهم میآئیم اینجا ...
(هر سه بر میگردند بمهمانخانه ...)

بالا	oben
مِیل داشتَن	mögen
خورشِ قیمه	ein persisches Gericht mit kleingehacktem Fleisch
جوجه کباب	Brathühnchen
مُتأسِفانه	leider
خورشِ بادِنجان	Fleischgericht mit Aubergines (Eierfrucht)
دوغ	eine Art saure Milch
لیموناد	Limonade
مَعقول	höflich, vernünftig
شُروع کردن	beginnen, anfangen
وَرشِکَست شدن	bankrott gehen
وَرشِکَست	bankrott
چَند وَقتِ دیگر	nach einiger Zeit

ماشین شَخصی	Personenwagen
صَرفِه جوئی	Sparsamkeit
صَرفه جوئی کردن	sparen
تُند	schnell
تَشریف آوَردَن	kommen
خُنَک	kühl
اَهل	Bürger; aus
شیرازی	aus Schiraz
لَهجِه	Mundart
رَفع کردن	aufheben; beseitigen
تِشنِگی	Durst
صورَتِ حِساب	Rechnung
حِساب	Rechnen
اَنعام	Geschenk, Trinkgeld
راضی	zufrieden

دکتر سهراب و رفیقش راجع بدین صحبت میکنند

دکتر سهراب مسلمان است و رفیقش مهندس مهرداد بهائی. دکتر سهراب شخصی است مُتِدَیِّن و بی تَعَصُّب و علاقه بدین دارد. رفیقش را بمنزل خود دَعوَت کَردِه و دارند باهم صحبت میکنند:

دکتر سهراب: دو سه هفته پیش راجع بدیانَت بهائی صحبت میکردیم. خیلی مایِلَم بدانم بهائیها هم معتقد بخدا و زندگی بعد از مرگ هستند یا نه.

مهندس مهرداد: البتّه! بهائیها میگویند که خدا خالق مهربان است و مُوجودات خَلق او. زندگی انسان ابدی است و هَدَف زندگی نزدیک شدن بخداست.

دکتر سهراب: راجع به بهشت و جهنّم بهائیها چه میگویند؟

مهندس مهرداد: بهائیها معتقدند که بهشت نزدیکی بخداست و جهنّم دوری از خدا.

دکتر سهراب: راه نزدیکی بخدا بنظر بهائیها

کدام است ؟
مهندس مهرداد : راه نزدیکی بخدا اوّل شِناسائی خداست بِوَسیلِهِ پیغمبر او و بعد عَمَل کَردَن تَعالیم پیغمبر .
دکتر سهراب : هَدَفِ اَصلی دیانت بهائی چیست؟ نزدیک شدن بخدا هدف اصلی است ؟
مهندس مهرداد : البتّه نزدیک شدن بخدا در هر دینی هدف اصلی است . در این عَصر نزدیکی بخدا ازهمه بهتر باخدمت بعالم انسانی ممکن است . وحدت عالم انسانی و صلح عمومی هدف اصلی دین بهائی است . میدانید که وحدت عالم انسانی و صلح عمومی را همه اَنبیاء وَعدِه دادِه اَند. مُؤَسِس دیانت بهائی ، حضرت بهاءالله میفرماید که مُوعود جمیع کُتُب آسمانی است . یعنی بوسیله حضرت بهاءالله صلح عمومی و وحدت عالم انسانی بَرقَرار خواهد شُد .
دکتر سهراب : بنظر شما چطور میشود بعالم انسانی خدمت کرد ؟
مهندس مهرداد : عالم انسانی را باید مِثلِ هیکل انسان دانست و مانند سِلّول بدن که خدمت به هیکل انسان میکند ، باید هر شخصی هم در

هیکل عالم انسان خادِم بَشَر باشد. این ممکن نیست مگر اینکه انسان نَظم این هیکل عالم انسان را بداند و با میل آن نظم را قبول کند تا بتواند بوسیله آن نظم خدمت به بشر بکند.

دکتر سهراب: منهم با این نظر موافقم. برای خدمت به بشر قبول کردن نظم لازم است. امّا میدانید که نظم های مختلف هست. کدام نظم را بهائیها قبول دارند؟

مهندس مهرداد: بهترین نظم آن است که اراده خدا در آن باشد: میدانید که در بدن انسان نظم کامِلی هست. این نظم اراده خداست برای بدن انسان. بهتر از این نظم ممکن نیست. همینطور هم برای عالم انسان نظم کاملی هست که اراده خداست برای عالم بشر. بهائیها معتقدند که این اراده خدا برای هیکل عالم انسان یعنی این نظم کامل برای عالم بشر بوسیله حضرت بهاءالله ظاهِر شُدِه اَست. یک قرن از ظُهور این نظم هیکل عالم انسان گذشته است و در این یک قرن دیانت بهائی در سَراسَرِ عالَم مُنتَشِر شُدِه اَست. صلح عمومی و وحدت بشر فقط بوسیله این نظم ممکن است. چونکه این نظم، نظم الٓهی

است .
دکتر سهراب : اگر راجع باین نظم آلهی شما کتابی دارید ، خواهش میکنم بدهید که بخوانم .
مهندس مهرداد : راجع باین نظم آلهی کتابهای مختلف هست . البتّه بشما خواهم داد .
دکتر سهراب : نظر بهائیها راجع به دین های مختلف عالم چیست ؟
مهندس مهرداد : دین برای تربیت بشر و اَفرادِ بَشر است . مؤسس هر دین از طرف خداست و مُرَبّی فَرد و جامِعه است . انبیاء باراده خدا ظاهر میشوند که محبّت بخدا و بخلق خدا رابمردم بیاموزند و راه درست زندگی کردن را بمردم نشان بدهند و انسان را برای زندگی بعد از مرگ آمادِه کُنَند . البتّه در هر زمان بَنابَر شَرایِطِ زمان و مَکان تعالیم بخصوصی برای انسان لازم است . چون بشر هم مثل طفل تَرَقّی میکُنَد و در هر زمان اِحتیاج بخوراک و دَستور جدیدی دارد . اینست که هر پیغمبری در زمان خود تعالیم بخصوصی آورده است .
دکتر سهراب : در دیانت بهائی چه تعالیمی هست که برای زمان ما لازم است ؟

مهندس مهرداد : یکی از تعالیم حضرت بهاءالله تَحَرّیِ حَقیقَت است : یعنی هرکس باید بدون تَقلیدِ حقیقت را جُستجو کُنَد . دیگر اینکه اَساس همه اَدیان یکی است وآن محبّت بخدا و به بشر است . دیگر اینکه دین برای صلح و دوستی و محبّت است : اگر دین سبب دشمنی بشود، البتّه آنوقت بیدینی بهتر است . یکی دیگر از تعالیم حضرت بهاءالله اینست که دین باید با عِلم وعقل مُطابِق باشد . دین بی علم باعث تعصّب میشود و علم بدون دین انسانرا مادّه پرست میکند . از جمله تعالیم حضرت بهاءالله تَرکِ تَعَصُّب است : چه تعصّب وَطنی باشد یا تعصّب جِنسی ، و چه تعصّب سیاسی باشد یا تعصّب دینی . هر نوع تعصّب را باید ترک کرد . یکی دیگر از تعالیم بهائی تَساویِ حُقوق زن و مرد است . دیگر اینکه زبان و خطّ بینُ المِلَلی لازم است تا همه مردم زبان یکدیگر را بفهمند . آنوقت هرکس فقط دو زبان لازم دارد ، یکی زبان مادری و یکی زبان بین المللی . دیگر اینکه تعلیم و تَربیَت دختر و پسر وَظیفِه است برای پدر و مادر و جامِعِه . از جُملِه تعالیم حضرت بهاءالله تَعدیلِ مَعیشَت است :

یعنی نباید بعضی مردم در نَهایَتِ فَقر باشند و بعضی در نهایت غَنا. دیگر اینکه باید یک مَحکَمِهٔ کُبرای تَأسیس کَرد. ...

دکتر سهراب: این تعالیم همه بسیار خوب و لازم است ... راستی بهائیها هم نماز و روزه دارند؟

مهندس مهرداد: بله، بهائیها هم نماز و روزه دارند و نماز و روزه در دیانت بهائی واجب است.

دکتر سهراب: شنیده ام که بهائی ها بایران خیلی علاقه دارند. درست است؟

مهندس مهرداد: بله، همینطور است بهائی همه دنیا را دوست دارد، ولی علاقه بخصوصی بایران دارد.

دکتر سهراب: عِلَّتَش چیست؟

مهندس مهرداد: علّتش اینست که ایران وطن حضرت بهاءالله است. باین عِلّت درسراسر عالم بهائی ها علاقه بخصوصی بایران دارند و معتقدند که ایران آینده دِرَخشانی دارد.

دکتر سهراب: من علاقه دارم بیشتر راجع به این دین بدانم. چه کتابی میتوانید بمن بدهید

که بخوانم؟

مهندس مهرداد: راجع بدیانت بهائی کتاب زیاد هست. کتابی هست باسم "بهاء الله و عصر جدید"، اوّل آنرا بخوانید. بعد کتاب دیگری بشما میدهم که از کتب حضرت بهاء الله است، باسم "کتاب ایقان". ...

دکتر سهراب: خیلی متشکّرم! راستی اگر شما هفته آینده وقت دارید، بیائید اینجا باهم باز صحبت کنیم.

مهندس مهرداد: حالا نوبت شماست. شما باید تشریف بیاورید منزل ما ...

مُتِدَیِّن	religiös	شِناسائی	Erkenntnis
تَعَصُّب	Vorurteil, Fanatismus	بِوَسیلِه	durch, mittels
دَعوَت کَردَن	einladen	عَمَل کَردَن	tun, verwirklichen
دیانَت	Religion	تَعالیم	Lehren, Grundsätze
مایِل بودَن	geneigt sein, möchten	هَدَفِ اَصلی	Hauptziel
مُوجودات	alles Seiende	عَصر	Zeitalter
خَلق	Geschöpf	اَنبیاء	die Botschafter Gottes, die Religionsstifter
هَدَف	Ziel		
دوری	Ferne, Entfernung	وَعدِه دادَن	verheißen

مُؤَسِّس	Begründer
مُوعود	der Verheißene
کُتُب	Bücher
بَرقَرار شُدَن	errichtet werden, gegründet werden
مِثل	wie
هِیکَل	Gestalt, Körper
سِلّول	Zelle
خادِم	Diener
بَشَر	Mensch, Menschheit
نُظم	Ordnung
کامِل	vollkommen
ظاهِر شُدَن	enthüllt sein, offenbar werden
ظُهور	Offenbarung, Erscheinung
دَر سَراسَرِ عالَم	auf der ganzen Welt
مُنتَشِر شُدَن	verbreitet sein
اَفرادِ بَشَر	die einzelnen Menschen
مُرَبّی	Erzieher
فَرد	Individuum, der Einzelne
جامِعه	Gesellschaft, Gemeinschaft
آمادِه کَرَدَن	vorbereiten

بَنابَر	gemäß
شَرایِط	Bedingungen
مَکان	Ort
تَرَقّی کَرَدَن	Fortschritte machen
اِحتیاج	Bedürfnis
دَستور	Vorschrift, Anordnung
تَحَرّیِ حَقیقَت	(selbständiges) Suchen nach der Wahrheit
تَقلید	Nachahmung
جُستِجو کَرَدَن	suchen
اَساس	Grundlage
اَدیان	Religionen
عِلم	Wissenschaft, Wissen
مُطابِق بودَن	übereinstimmen
وَطَن	Heimat
جِنسی	rassisch
سیاسی	politisch
تَساوی	Gleichheit
حُقوق	Rechte
بِینَ المِلَلی	international
تَعلیم	Bildung, Unterweisung
وَظیفه	Pflicht

تَعدیل	Ausgleichung
مَعیشَت	Lebensunterhalt
نَهایَت	äußerst
فَقر	Armut
غَنا	Reichtum
سبب	Ursache

مَحکَمهٔ کُبریٰ	Weltschiedsgerichtshof
تَأسیس کَرَدن	errichten, gründen
عِلّت	Ursache, Grund
دَرَخشان	glänzend
ایقان	Gewissheit

Alphabetisches
persisch—deutsches Vokabular

آ ا

آب	Wasser
ابان	achter Monat des iranischen Sonnenjahres
آب جاری	fließendes Wasser
ابدی	ewig
ابرو	Augenbraue
ابریشم	Seide
آب معدنی	Mineralwasser
آب نبات	Bonbon
آب و هوا	Klima
آپاندیس	Blinddarm
آتش	Feuer
آتش گرفتن	brennen
اتفاقاً	zufällig
اتوبوس	Autobus
آتیه	Zukunft
اثاثیه	Mobiliar
اثر	Wirkung, Spur
اجازه	Erlaubnis
اجازه دادن	erlauben
اجازه فرمودن	erlauben
آجر	Ziegel
اجل	Todesstunde, Ende
آجیل	getrocknete Früchte
آجیل فروشی	das Geschäft, wo getrocknete Früchte verkauft werden
احترام	Achtung
احمق	dumm
احوال	Befinden
احوالپرسی	Erkundigung nach jemandes Befinden
آخر	Ende; endlich
آخرت	Jenseits
آخرین	letzte
آداب	die Sitten
اداره	Büro; Verwaltung
اداره مسافربری	Reisebüro
ادامه	Fortsetzung
ادب	Höflichkeit
ادبیات	Literatur
آدرس	Adresse
آدم	Mensch; Adam

آذر	der neunte Monat des iranischen Sonnenjahres
اذیّت	Plage, Qual
ارادت	Ergebenheit
اراده	Wille
آرام	ruhig
ارباب	Herr
ارث	Erben
آرد	Mehl
اردک	Ente
اردیبهشت	der zweite Monat des iranischen Sonnenjahres
ارز	Devisen
ارزان	billig
ارزش	Wert
ارزن	Hirse
آرزو	Verlangen
ارکستر	Orchester
آرنج	Ellbogen
آرواره	Kiefer
اروپا	Europa
اره	Säge
آره (آری)	ja
آز	Gier
از	von; aus; als; mit
آزاد	frei
آزادشدن	befreit werden
آزادی	Freiheit
آزاردادن	quälen
ازدواج	Heirat
ازدواج کردن	sich verheiraten
آزردن	plagen, quälen
ازکجا ؟	woher ?
ازکی ؟	seit wann ?
از وقتیکه	seitdem
از همه	von allem
اسب	Pferd
استخوان	Knochen
استراحت	Ruhe; Erholung
استراحت کردن	ausruhen
استکان	Teeglas
اسفند	der zwölfte Monat des iranischen Sonnenjahres
اسکندرکبیر	Alexander der Große
اسم	Name
آسمان	Himmel
اسم کوچک	Vorname
اسهال	Durchfall

اسهال خونی	rote Ruhr
آش	(Gemüse-)Suppe
آشپز	Koch
آشپزخانه	Küche
اشتباه	Irrtum
اشتباه کردن	sich irren
اشتهاء	Appetit
آشغال	Schmutz
اشکال	Schwierigkeit
آشنا	Bekannte
اصرار	Bestehen auf
اصرار کردن	bestehen auf
اصلاً	überhaupt
اضافه	Hinzufügung
اضافه بار	Übergewicht
اطاعت	Gehorsam
اطاعت کردن	gehorchen
اطاق	Zimmer
اطاق انتظار	Wartezimmer
اطاق غذاخوری	Eßzimmer
اطاق کار	Arbeitszimmer
اطاق معاینه	Untersuchungszimmer
اطاق مهمان	Gastzimmer
اطاق نشیمن	Wohnzimmer
اطلاع دادن	benachrichtigen
اطو	Bügeleisen
اطو کردن	bügeln
اعضاء	Glieder
آفتاب	Sonne
آفتاب رو	sonnig
افتادن	fallen
افتخار	Ehre; Ruhm
افریقا	Afrika
افعال	Verben (pl.)
آقا	Herr
اقوام	die Verwandten
اگر	wenn
اگرچه	obwohl
اگرنه	wenn nicht, sonst
الآن	jetzt, sofort
البتّه	natürlich
الحمدلله	Gott sei Dank!
الفباء	Alphabet
الماس	Diamant
آلمان	Deutschland
آلمانی	deutsch; Deutscher
آلو	Pflaume
امّا	aber

آمپول	Spritze
آمپول زدن	Spritze geben
امتحان	Prüfung
امتحان دادن	eine Prüfung ablegen
امتحان کردن	prüfen
امتنان	Dankbarkeit
امثالها	und so weiter
آمدن	kommen
آمدورفت	Verkehr; Umgang
امر	Befehl
امر کردن	befehlen
امروز	heute
امریکا	Amerika
امسال	dieses Jahr
امشب	heute abend; heute nacht
امکان	Möglichkeit
آموختن	lernen; lehren
امور	Angelegenheiten
امید	Hoffnung
امیدوار بودن	hoffen
آن	jener, jene, jenes
انتخاب کردن	(aus-)wählen
آنجا	dort
آنچه	das, was; was immer

انداختن	werfen
اندازه	Größe; Maß
اندازه گرفتن	messen
انسان	Mensch
انسانی	menschlich
انشاء	Aufsatz
انشاءالله	wenn es Gott gefällt!
انعام	Trinkgeld; Geschenk
انگشت	Finger
انگور	Weintraube
آنوقت	dann
آنها	sie (pl.); jene (pl.)
او	er, sie, es
آواز	Stimme; Gesang
آواز خواندن	singen
آواز محلی	Volkslied
آوازه خوان	Sänger
اورا	ihn
آوردن	bringen, holen
اوّل	erst; Anfang; der, die, das erste
اوّلاً	erstens
اوّلی	der, die, das Erste
اهالی	die Bürger
آهسته	leise; langsam

اهل	Bürger
اهمیّت	Wichtigkeit
آهن	Eisen
آهنگ	Melodie; Ton
آهو	Gazelle; Reh
ای	O!
آیا	ob
ایران	Persien, Iran
ایرانی	Perser
ایستادن	stehen
ایشان	sie (pl.)
ایمان	Glaube
این	dieser, diese, dieses
اینجا	hier
آینده	Zukunft
اینها	diese (pl.)
ای وای	oh! ach! o weh!

ب

ب (به)	nach, zu
با	mit
با اینحال	trotzdem
با اینکه	obwohl
باچی (باچه)	womit
باختن	verlieren (Spiel), verspielen
باد	Wind
بادام	Mandel
بادنجان	Eiergurke, Aubergine
بادوام	dauerhaft, haltbar
بار	Last, Bürde
بارداشتن	belegt sein (Zunge)
باز	wieder; offen; Falke
بازار	Bazar, Markt
بازدید	Gegenbesuch
بازکردن	öffnen
بازو	Arm
بازهم	wieder; noch
بازی کردن	spielen
باعث	Ursache
باغ	Garten
بالا	oben; nach oben
بالای	über
باندازه کافی	genügend
باوجود اینکه	obwohl
باور کردن	glauben

باوفا	treu
باهم	zusammen
باهمدیگر	miteinander
باهوش	intelligent
بتاریخ	Datum
بتدریج	allmählich
بجای	anstatt
بچه	Kind
بخت	Schicksal
بخشنده	freigebig
بخشیدن	schenken; verzeihen
بخصوص	besonders
بخیرگذشتن	gut vorüber gehen
بد	schlecht; böse
بدآمدن	mißfallen
بدن	Körper
بدون	ohne
برادر	Bruder
برای	für; wegen; um ... zu
برای اینکه	weil
برای چه؟	warum?
برداشتن	wegnehmen; nehmen
بردن	forttragen, wegtragen
برق	Elektrizität; Blitz
برکت	Segen
برگ	Blatt
برگشتن	zurückkehren
برلن	Berlin
برنامه	Programm
برنج	Reis
بز	Ziege
بزرگ	groß
بزرگها	die Erwachsenen
بزرگی	Größe, Erwachsener sein
بس	genug
بستن	schließen, zumachen; einpacken
بستنی	(Speise-)Eis
بسیار	sehr; viel
بسیارخوب	sehr gut!
بشر	Mensch, Menschengeschlecht
بشقاب	Teller
بطرف	nach, in der Richtung
بطری	Flasche
بطوریکه	so, daß; so wie
بعد	nach; dann
بعد از	nach
بعضی	manche

بعضی وقتها	manchmal
بغل	Achselhöhle; Schoß
بقدر کافی	genügend
بقیّه	Rest
بکلّی	gänzlich
بلاء	Unglück
بلبل	Nachtigall
بلکه	sondern; vielleicht
بلند	hoch; lang; laut
بلند شدن	aufstehen
بلند کردن	erheben
بله	ja, jawohl
بلیط	Fahrkarte
بنا بر این	folglich; also
بنده	Sklave; Diener
بو	Geruch
بوجود آوردن	zustande bringen, schaffen
بودا	Buddha
بودن	sein, existieren
به	nach, zu; mit
بهار	Frühling
بهاءالله	Bahā 'u'llāh (Herrlichkeit Gottes)
بهاءالله	Stifter der Bahā'ī-Religion
بهائی	Anhänger der Bahā'ī-Religion
بهتر	besser
بهشت	Paradies
بهمدیگر	zueinander
بهمن	elfter Monat des iranischen Sonnenjahres
بی	ohne
بی ادب	unhöflich
بیان کردن	erklären
بی تربیت	ungezogen
بیخود	umsonst; ohne Ursache
بیدار	wach
بیدار شدن	aufwachen
بیدار کردن	aufwecken
بی دین	gottlos, irreligiös
بیرون	außerhalb
بیرون	draußen
بیرون آمدن	herauskommen
بیرون آوردن	herausholen
بیرون رفتن	hinausgehen
بیست	zwanzig
بیشتر	mehr
بی قاعده	unregelmäßig
بیکار	arbeitslos, untätig

بیکدیگر	zueinander
بیگناه	unschuldig
بین	zwischen; unter
بی وفا	untreu

پ

پا	Fuß, Bein
پادشاه	König
پارچه	Stoff
پاسبان	Wache, Polizist
پاشدن	aufstehen
پاک	sauber, rein
پاکت	Briefumschlag
پالتو	Mantel
پانزده	fünfzehn
پانصد	fünfhundert
پایتخت	Hauptstadt
پائین	unten
پتو	wollene Decke
پختن	kochen; backen
پخته	gekocht; gebacken; reif
پدر	Vater
پدر و مادر	Eltern
پر	Feder; Flügel
پر	voll
پرتقال	Apfelsine
پرچم	Flagge
پرخور	gefräßig
پرداختن	zahlen
پرده	Vorhang
پررنگ	dunkelfarbig; stark
پرستو	Schwalbe
پرسیدن	fragen
پرنده	Vogel
پروانه	Schmetterling
پریروز	vorgestern
پریشب	vorgestern abend
پزشک	Arzt
پس	also, folglich
پس از	nach
پس از آن	danach
پست	Post
پستچی	Postbote
پسته	Pistazie
پس دادن	zurückgeben

پسر	Sohn: Knabe
پس فردا	übermorgen
پس فرداشب	übermorgen abend
پسندیدن	wählen; gefallen
پشت	Rücken; Rückseite; hinter
پشم	Wolle
پشه	Mücke
پلنگ	Leopard
پلو	gekochter Reis
پلیس	Polizist; Polizei
پنج	fünf
پنجاه	fünfzig
پنجشنبه	Donnerstag
پنجمی	der Fünfte
پنهان	verborgen
پنیر	Käse
پوست	Haut; Schale
پوشاندن	jemanden anziehen
پوشیدن	anziehen
پول	Geld
پول دوست	geldgierig
پهلو(-ی)	Seite; neben
پهن کردن	ausbreiten
پیاز	Zwiebel
پیدا	sichtbar; klar
پیدا شدن	sich wiederfinden
پیدا کردن	finden
پیراهن	Hemd
پیش	vor
پیش از	vor
پیش آمدن	vorkommen
پیشانی	Stirn
پیشخدمت	Diener
پیشنهاد	Vorschlag
پیغمبر	Prophet, Religionsstifter

ت

تا	bis; damit; solange; Stück
تابستان	Sommer
تأثیر	Wirkung
تاجر	Kaufmann
تاحالا	bis jetzt
تار	pers. Musikinstrument
تار زدن	„Tār“ spielen
تاریخ	Geschichte; Datum

تاریک	dunkel
تاریکی	Dunkelheit
تازه	neu; frisch; erst
تا کجا ؟	bis wohin?
تاکسی	Taxi
تا کی	bis wann?
تب	Fieber
تبریک	Glückwunsch
تبریک گفتن	gratulieren
تجربه	Erfahrung
تحصیل	Studium
تحصیل کردن	studieren
تختخواب	Bett (-gestell)
تخفیف	Ermäßigung, Rabatt
تخم مرغ	(Hühner-)Ei
تخمه	Obstkerne von Melonen und Kürbissen
تربیت	Erziehung
ترس	Angst
ترساندن	erschrecken
ترسیدن	sich fürchten; befürchten
ترش	sauer
ترک کردن	verlassen; abgewöhnen
ترن	Zug
تسلیت	Trost; Beileid
تشریف آوردن	kommen
تشریف بردن	gehen
تشریف داشتن	bleiben; sein
تشکر کردن	sich bedanken
تشنگی	Durst
تعارف کردن	anbieten; Umstände machen
تعبیر	Deutung
تعجب کردن	staunen
تعریف کردن	schildern; loben
تعطیل	Ferien; Feiertag
تعطیلی	Ferien
تقدیم	Überreichung
تقدیم کردن	überreichen
تقریباً	ungefähr
تکان دادن	bewegen; schütteln
تلخ	bitter
تلفناً	per Telephon
تلفن زدن	anrufen
تمام	ganz, vollständig
تمام شدن	zu Ende sein
تمام کردن	beenden
تمبر	Briefmarke
تمیز	rein, sauber

تمیز کردن	reinigen, sauber machen
تن	Körper
تنبل	faul
تند	schnell; scharf
تند رفتن	schnell gehen
تنگی	Enge; Not
تنگی نفس	Asthma
تنور	Ofen
تنها	allein, einsam; nur
تو	du
توی)	in; Innenseite
توانستن	können
توانگر	reich, wohlhabend
توپ	Ball
توپ بازی	Ballspiel
تومان	Toman: pers. Währung (= 10 Rial)
توی ِ	in
ته	Grund, Boden
تیر	der vierte Monat des iranischen Sonnenjahres

ث

ثابت	bewiesen; fest
ثابت کردن	beweisen
ثانیاً	zweitens
ثروت	Reichtum
ثروتمند	reich, wohlhabend
ثمر (-ه)	Frucht

ج

جا	Platz, Ort
جادو کردن	zaubern
جادوگر	Zauberer
جارو کردن	fegen
جان	Seele; Leben
جدّی	ernst(-haft)
جدید	modern; neu
جریان	Kreislauf; Lauf
جسم	Körper; Stoff
جشن	Feier, Fest

جشن گرفتن	feiern
جعبه	Schachtel; Kasten
جغد	Eule
جفت	Paar
جلاد	Henker
جلو ـ جلوِ	Vorderseite; nach vorn; vorn, vor
جمعه	Freitag
جمعیّت	Bevölkerung; Gedränge
جمیع	alle, ganz
جناب	Herr
جنباندن	bewegen; schütteln
جنس	Art; Ware
جنوب	Süden
جو	Gerste
جواب	Antwort
جواب دادن	antworten
جوان	Jüngling; jung
جواهر	Edelstein
جوجه	Hühnchen, Kücken
جوجه‌کباب	Brathühnchen
جور	Sorte; Weise
جوراب	Strumpf, Socke
جوشاندن	kochen lassen
جوف	das Innere
جهنم	Hölle

چ

چاپ کردن	drucken
چاره	Hilfsmittel; Ausweg
چاق	fett, dick
چاقو	Messer
چاه	Brunnen; Grube
چاه‌کن	(Brunnen-) Grubengräber
چای	Tee
چرا؟ چرا	warum ? doch
چراغ	Lampe
چراغ برق	elektrisches Licht
چسباندن	kleben
چشم	Auge
چطور؟	wie ?
چقدر	wieviel ?
چلو	gekochter Reis
چمدان	Koffer
چنان	so

چند	wieviel? einige
چند تا ؟	wieviel (Stück)?
چند نفری	zu mehreren
چندین	mehrere
چنگال	Gabel; Kralle
چنین	so
چون	da, weil; gleich, wie
چونکه	weil
چه (چی)؟	was?
چهار	vier
چهارده	vierzehn
چهارشنبه	Mittwoch
چهارصد	vierhundert
چهارم	der vierte
چهارمی	der Vierte
چه جوابی؟	was für eine Antwort?
چه کسی را؟	wen?
چهل	vierzig
چه موقع؟	wann? welche Zeit?
چه وقت؟	wann?
چی (چه)؟	was?
چیدن	pflücken
چیز	Ding, Sache
چیست؟	was ist?

ح

حاضر بودن	bereit sein; anwesend sein
حافظ	Hāfez: iranischer Dichter
حال	Zustand, Befinden, Gegenwart
حالا	jetzt, nun
حبّ	Pille
حبس	Haft, Einsperrung
حبس کردن	einsperren
حتماً	(ganz-)bestimmt
حتّی	sogar
حرف	Buchstabe; Wort
حرف زدن	sprechen
حرکت	Bewegung
حساب	Rechnen; Konto
حساب شدن	berechnen
حسّ کردن	fühlen, empfinden
حضرت	Majestät, Erhabenheit
حضور	Gegenwart
حق	Recht; Gott
حقیقت	Wahrheit
حکایت	Erzählung

حکم	Befehl
حکم کردن	befehlen
حلوا	türkischer Honig
حمّال	Gepäckträger
حمّام	Bad, Badeanstalt
حوله	Handtuch
حیف	wie schade! schade!
حیوان	Tier

خ

خار	Dorn
خارجه	Ausland
خارجی	Ausländer
خاک	Erde, Staub
خالق	Schöpfer
خاله	Tante (mütterlicherseits)
خالی	leer
خام	ungekocht, unreif
خاموش	aus; erloschen; still
خاموش کردن	ausmachen; auslöschen
خان	Herr
خانم	Dame; Frau; Fräulein
خانم بزرگ	Großmutter
خانواده	Familie
خانه	Haus
خانه تکانی کردن	Hausputz halten
خبر	Nachricht
خبر دادن	benachrichtigen
خجالت	Scham
خجالت کشیدن	sich schämen
خدا	Gott
خداپرست	Gottanbeter
خداحافظ	Aufwiedersehen!
خداحافظی کردن	sich verabschieden
خدارا شکر	Gott sei Dank!
خدمت	Dienst; Anwesenheit
خر	Esel
خربزه	Zuckermelone
خرج	Kosten, Ausgabe
خرج کردن	ausgeben
خرداد	dritter Monat des iranischen Sonnenjahres
خرس	Bär
خرما	Dattel
خروس	Hahn

خرید	Einkauf
خرید کردن	einkaufen
خریدن	kaufen
خسته	müde
خشت	Ziegel
خشک	trocken
خطّ	Linie; Strich; Schrift
خفه شدن	erstickt —, erwürgt sein
خلق شدن	erschaffen werden
خلق کردن	erschaffen
خنداندن	zum Lachen bringen
خنده	Lachen
خنده کنان	lachend
خندیدن	lachen
خنک	kühl
خواب	Schlaf; Traum
خواب دیدن	träumen
خواب رفتن	einschlafen
خواستن	wollen, wünschen
خواندن	lesen; singen
خواننده	Leser; Sänger
خواهر	Schwester
خواهرزاده	Sohn oder Tochter der Schwester
خواهر و برادر	Geschwister
خواهش	Bitte
خواهش کردن	bitten
خواه نخواه	wohl oder übel
خوب	gut
خود	selbst
خودپرست	Egoist (Selbstanbeter)
خوراک	Speise
خوردن	essen; trinken
خوردنی	eßbar; Nahrung
خورش	pers. Fleischgericht
خورشید	Sonne
خوش	glücklich; angenehm
خوش آمدن	gefallen; willkommen sein
خوشبخت	glücklich
خوشحال	froh, glücklich
خوشمزه	schmackhaft
خوشی	Freude, Heiterkeit
خوک	Schwein
خون	Blut
خیابان	Straße
خیار	Gurke
خیّاط	Schneider
خیال	Gedanke; Einbildung
خیر	gut; nein

خیلی	viel, sehr
خیلی‌ها	viele (Menschen)

د

داخل شدن	eintreten
داداش	Bruder
داد زدن	schreien
دادن	geben
داد و فریاد	Geschrei
دار	Galgen
دارا	Darius; reich
دار زدن	aufhängen, kreuzigen
دارو	Arznei
داروخانه	Apotheke
داس	Sichel
داشتن	haben; im Begriff sein, etwas zu tun
داغ	heiß
داماد	Schwiegersohn; Bräutigam
دامن	(Frauen-)Rock
دانستن	wissen, kennen
دانشجو	Student
دانشگاه	Universität
دانشمند	Gelehrter; weise
دائی	Onkel (Bruder der Mutter)
دبیرستان	Oberschule
دختر	Tochter; Mädchen
در	Tür; in; Deckel
دُرّ	Perle
دراز	lang
دراز کشیدن	sich hinlegen
در آوردن	herausholen
در پشت	hinter
درخت	Baum
درخت تبریزی	Pappel
درخت سرو	Zypresse
درد	Schmerz
در راه	unterwegs
در زدن	anklopfen
درس	Unterricht; Lektion
درست	richtig, wahr
درست کردن	herstellen, machen
درس خواندن	studieren, lernen
درس دادن	lehren, unterrichten
در عین حال	zugleich
درمان	Heilmittel

دروغ	Lüge
دروغگو	Lügner
درویش	Derwisch
درّه	Tal
درهم	Drachme
دریافت کردن	erhalten
دزد	Dieb
دزدی	Diebstahl
دزدیدن	stehlen
دست	Hand; Garnitur
دست دادن	begrüßen, die Hand reichen
دست زدن	anfassen; klatschen
دستور دادن	anordnen
دسته گل	Blumenstrauß
دشمن	Feind
دشمنی	Feindschaft
دعا	Gebet
دعا خواندن	beten
دعوت	Einladung
دعوت شدن	eingeladen sein
دفتر	Heft; Büro
دفعه	Mal
دفعه دیگر	nächstes Mal
دقیقه	Minute
دکتر	Arzt; Dr.
دل	Herz; Bauch
دل درد	Bauchschmerzen
دل درد گرفتن	Bauchschmerzen bekommen
دلیل	Beweis; Grund
دلیل آوردن	Gründe angeben
دَم	dicht bei
دُم	Schwanz
دماغ	Nase
دم کشیدن	ziehen (Kaffee, Tee)
دنبال کردن	verfolgen
دندان	Zahn
دندان درد	Zahnschmerzen
دنیا	Welt
دو	zwei
دوا	Arznei
دوات	Tintenfaß
دواخانه	Apotheke
دوازده	zwölf
دوبار	zweimal
دوباره	noch einmal
دوختن	nähen
دود	Rauch
دودل	unentschlossen

دور	weit, entfernt
دور	Zeitalter; um, herum
دور انداختن	wegwerfen
دور شدن	sich entfernen
دورو	heuchlerisch, falsch
دور هم جمع شدن	sich versammeln
دوزخ	Hölle
دوست	Freund
دوست داشتن	gern haben; lieben
دوستی	Freundschaft
دوش	Dusche
دوشنبه	Montag
دوشیزه	Mädchen, Jungfrau
دوطرفه	zweireihig
دوغ	eine Art saure Milch
دوّم	der zweite
دوّمی	der Zweite
دویست	zweihundert
ده	zehn
ده	Dorf
دهان	Mund
ده‌شاهی	halbes Rial
دهن	Mund
دی	zehnter Monat des iranischen Sonnenjahres
دیدن	sehen
دید و بازدید	Besuch und Gegenbesuch
دیر	spät
دیروز	gestern
دیشب	gestern abend
دیگ	Kochtopf
دیگر	sonst; der, die, das andere
دیگران	die anderen
دیگری	der andere
دین	Religion
دیندار	religiös
دیوار	Wand, Mauer
دیوانه	wahnsinnig, toll
دیوانه شدن	verrückt werden

ذ

ذرّت	Mais

ر

راجع به	über
راحت	bequem; ruhig
رادیوگرفتن	Radio anmachen
راز	Geheimnis
رازدار	Vertraute
راست	richtig, wahr
راست گفتن	die Wahrheit sagen
راستی	Wahrheit; übrigens
راضی	zufrieden
ران	Schenkel
راه	Weg
راه دادن	durchlassen
راه رفتن	gehen
رخت	Wäsche; Kleidung
رستوران	Restaurant
رسم	Brauch; Regel
رسید	Empfangsschein
رسیدن	ankommen; reif werden
رفتن	gehen, fahren
رفت وآمد	Besuch, Verkehr
رفع کردن	beseitigen
رفیق	Freund
رقص	Tanz
رگ	Ader; Blutgefäß
رماتیسم	Rheuma
رنگ	Farbe
رنگی	farbig
رو(ا-ی)	Gesicht; Oberfläche
روبرو	gegenüber
روح	Seele, Geist
رود	Fluß, Strom
روده	Darm
روز	Tag
روز بعد	am folgenden Tage
روزنامه	Zeitung
روزه	Fasten
روزی	das tägliche Brot
روزی	eines Tages
روشن	hell, leuchtend
روشن کردن	anmachen, anzünden
رومیزی	Tischdecke
روی	auf, an, über
رویهمرفته	alles in allem
ریال	Rial (pers. Währung, etwa 5 Pf.)

ریختن	eingießen; vergießen
ریزه	klein, winzig
ریش	Bart
ریشه	Wurzel
ریه	Lunge
رئیس	Chef, Haupt; Vorsitzender

ز

زانو	Knie
زبان	Zunge; Sprache
زحمت	Mühe
زحمت دادن	bemühen
زخم	Wunde; Geschwür
زخم معده	Magengeschwür
زدن	schlagen, klopfen
زرد	gelb
زردآلو	Aprikose
زردشت	Zarathustra
زردشتی	Anhänger von Zarathustra
زرنگ	eifrig, flink, fleißig
زشت	häßlich
زکام	Schnupfen
زمان	Zeit; Zeitalter
زمستان	Winter
زمین	Erde; Boden
زن	Frau; Gattin
زن برادر	Schwägerin (Frau des Bruders)
زنجیر کردن	in Ketten legen, fesseln
زندان	Gefängnis
زن دائی	die Frau des Onkels (mütterlicherseits)
زندگی	Leben
زندگی کردن	leben
زنگ	Schelle; Glocke
زنگ زدن	klingeln, läuten
زود	schnell; früh
زور	Kraft, Macht
زور دادن	schieben, stoßen
زهر	Gift
زیاد	viel; übermäßig; zu, sehr
زیبا	schön
زیر	unter
زیرِ	unten

ژ	
ژورنال	Journal, Modejournal
س	
سابق	früher
ساختمان	Gebäude
ساختن	bauen, herstellen
ساده	einfach, schlicht; leicht
سار	Star
ساز	eine Art Musikinstrument
ساعت	Stunde; Uhr
سال	Jahr; Alter
سالاد	Salat
سالم	gesund, heil
سالن	Salon, Saal
سایر	Rest
سایرین	die anderen
سبز	grün
سبزی	Gemüse
سبزی‌خوردن	Küchenkräuter
ستاره	Stern
ستاره‌شناس	Astronom
سخت	schwer; hart; streng
سختی	Schwierigkeit
سر	Kopf; Anfang
سرافراز	beehrt
سرخ	rot
سرخ کردن	rösten; braten
سرد	kalt
سردرد	Kopfschmerzen
سر راه	am Wege, auf dem Wege
سر شب	früh am Abend
سرکه	Essig
سرما	Kälte
سرماخوردن	sich erkälten
سرور	Freude
سعادت	Glück; Seligkeit
سعادتمند	glücklich
سفر	Reise
سفر کردن	reisen
سفید	weiß
سگ	Hund

سلام	Friede
سلامت	gesund
سلامتی	Gesundheit
سلام رساندن	grüßen lassen
سلام علیک	guten Tag! Friede sei mit Dir!
سلام علیکم	guten Tag! Friede sei mit Euch!
سلیمان	Salomo
سماور	Samovar
سمور	Zobel
سنگ	Stein
سوار شدن	zu Pferde steigen; einsteigen
سؤال	Frage
سؤال کردن	fragen
سوختن	brennen
سوزاندن	brennen; versengen
سوسک	Käfer
سوّم	der dritte
سوّمی	der Dritte
سوی	nach, in der Richtung
سوء هاضمه	Verdauungsstörung
سه	drei
سه شنبه	Dienstag
سه نفری	zu dritt
سی	dreißig
سیاه	schwarz
سیب	Apfel
سیب زمینی	Kartoffel
سیر	satt; Knoblauch
سیر شدن	satt sein
سیزده	dreizehn
سیصد	dreihundert
سیگار	Zigarette, Zigarre
سیگار کشیدن	Zigaretten rauchen
سینی	Tablett

ش

شاعر	Dichter
شاگرد	Lehrling; Schüler
شام	Abendessen
شانزده	sechzehn
شانه	Kamm; Schulter
شاه	König
شاه پرست	Königsverehrer

شاهد	Zeuge
شاید	vielleicht
شب	Nacht; Abend
شبانه روز	Tag und Nacht
شب بخیر	gute Nacht!
شبی	pro Nacht; eines Abends
شتر	Kamel
شخص	Person
شخصاً	persönlich
شخصی	jemand
شدن	werden
شرّ	Übel, Böses
شراب	Wein
شربت	Scherbett (eine Art Kühltrank)
شرکت کردن	teilnehmen
شروع شدن	angefangen haben
شروع کردن	anfangen, beginnen
شستن	waschen
شش	sechs
شش ساله	sechsjährig
ششصد	sechshundert
شصت	sechzig
شعر	Gedicht
شعر گفتن	dichten
شک	Zweifel
شکایت کردن	sich beschweren
شکر	Zucker
شکر	Dank; Lobsagung
شکستن	brechen, zerbrechen
شکم	Bauch, Magen
شلوار	Hose
شلوغ	Lärm; Durcheinander
شما - شماها	ihr; Sie
شمشیر	Schwert
شمع	Kerze
شناختن	kennen; wiedererkennen
شنبه	Samstag
شنیدن	hören; anhören
شوخی	Scherz, Spaß
شوخی کردن	scherzen, spaßen
شور	versalzen
شوفر	Chauffeur
شوهر	Gemahl, Gatte
شوهرخواهر	Schwager (Mann der Schwester)
شهر	Stadt
شهریور	sechster Monat des iranischen Sonnenjahres
شیر	Löwe; Milch

شیرازی	aus Schiraz
شیربرنج	Milchreis
شیرین	süß; lieblich
شیرینی	Gebäck, Backwaren
شیرینی تر	Torte, Törtchen
شیطان	Satan, Teufel

ص

صابون	Seife
صاحب	Besitzer
صادرات	(Gesamt-) Ausfuhr
صادرکردن	ausführen
صبح	Morgen
صبحانه	Frühstück
صبح بخیر	guten Morgen!
صبح زود	frühmorgens
صبر	Geduld; Ausdauer
صبرکردن	warten; Geduld haben
صحبت	Gespräch
صحبت کردن	sprechen, sich unterhalten
صحنه	Szene, Schauplatz
صد	hundert
صدا	Stimme; Lärm; Ruf
صداکردن	rufen
صرف	Verzehren
صرف کردن	verzehren; verbringen
صرفه جوئی	Sparsamkeit
صرفه جوئی کردن	sparen
صف	Reihe; Linie
صفحه	Seite; Platte
صفر	Null, null
صلح	Friede
صمیمانه	herzlich, innig
صندلی	Stuhl
صندوق	Kasten; Kiste
صندوق پست	Briefkasten
صنعت	Industrie; Kunst
صورت	Gesicht
صورت حساب	Rechnung
صیّاد	Jäger
صید	Jagd; Fischfang; Beute, Jagdtier

ض

ضدّ	Gegensatz; Widerspruch
ضرر	Verlust, Schaden
ضرر زدن	schaden, Schaden verursachen
ضرر کردن	Schaden erleiden, Verluste haben
ضعیف	schwach, kraftlos

ط

طبّ	Medizin, Heilkunde
طبقه	Stock(-werk); Kategorie
طبیب	Arzt
طرف	Seite, Richtung
طفل	Kind
طلا	Gold
طلب کردن	verlangen; suchen
طول	Länge; Dauer
طولانی	lang
طول کشیدن	dauern

ظ

ظالم	grausam, tyrannisch; Unterdrücker
ظاهر	offenbar, klar
ظرف	Gefäß; Topf
ظهر	Mittag

ع

عادات	Gewohnheiten
عادت	Gewohnheit; Sitte
عادل	gerecht
عاشق	der Liebende
عاشقی	Liebe, Verliebtheit
عاقل	weise, klug
عالَم	Welt, Universum
عالِم	gelehrt, wissend
عجالتاً	einstweilen
عجله	Eile

عدس	Linse
عده	Anzahl
عذاب	Qual, Folter
عرب	Araber
عربی	arabisch
عرض	Breite; Darlegung
عرض کردن	sagen; darlegen
عروس	Braut; Schwiegertochter
عروسی	Hochzeit; Hochzeitsfeier; Heirat
عروسی کردن	heiraten
عزرائیل	Todesengel
عزیز	lieb, teuer
عسل	Honig
عشق	Liebe
عصبانی	nervös; aufgeregt
عصر	Spätnachmittag
عقب	hinter; Hintergrund
عقب کردن	verfolgen
عقل	Verstand, Geist
عکس	Bild; Gegenteil
عکس انداختن	photographieren
عکس کشیدن	zeichnen, malen
علاقه	Interesse, Neigung
علاقه داشتن	interessiert sein
علامت	Zeichen, Symbol
علاوه براین	außerdem
علم	Wissenschaft; Wissen
علیحده	extra; getrennt
عمر	Leben; Alter
عمل	Operation; Tat
عمل کردن	operieren
عمو	Onkel (Bruder des Vaters)
عموم	Gesamtheit, Allgemeinheit
عمومی	öffentlich, allgemein
عمّه	Tante (Schwester des Vaters)
عوض کردن	austauschen
عیب	Fehler
عیب ندارد	es macht nichts!
عید	Fest, Festtag
عید دیدنی	Neujahrsbesuch
عید نوروز	Neujahrsfest
عیدی	Neujahrsgeschenk

غ

غاز	Gans
غذا	Speise, Nahrung
غذا خوردن	essen
غروب	Sonnenuntergang; früh am Abend
غرور	Stolz; Eitelkeit
غصّه	Kummer, Leid
غصّه خوردن	sich grämen
غلام	Sklave; Diener
غلط	Fehler; falsch
غم	Kummer, Gram
غم خوردن	sich grämen
غورت دادن	(hinunter-) schlucken
غیر از	außer, ausgenommen

ف

فارسی	persisch; die persische Sprache
فاصله	Entfernung; Zwischenraum
فامیل	Familie
فایده	Nutzen, Gewinn
فحش	Schimpfwort
فحش دادن	Schimpfworte gebrauchen
فرار	Flucht
فرار کردن	fliehen
فراموش شدن	vergessen werden
فراموش کردن	vergessen
فردا	morgen
فرزند	Kind, Sohn, Tochter
فرستادن	schicken, senden
فرش	Teppich
فرشته	Engel
فرصت	Gelegenheit; Zeit
فرق	Unterschied
فرمان	Befehl
فرمودن	befehlen; sagen
فروختن	verkaufen
فروردین	der erste Monat des iranischen Sonnenjahres
فروش	Verkauf; Verkäufer, Händler
فروش رفتن	verkauft werden
فرهنگ	Wörterbuch; Kenntnis

فریاد	Schrei; Hilferuf
فریب دادن	betrügen; täuschen
فصل	Jahreszeit
فعل	Zeitwort; Tat
فقط	nur, allein
فقیر	arm, dürftig; ein Armer
فکر کردن	denken, nachdenken
فلز	Metall
فلفل	Pfeffer
فندق	Haselnuß
فوراً	gleich, sofort
فولاد	Stahl
فهمیدن	verstehen, begreifen
فیل	Elefant
فیلسوف	Philosoph

ق

قاشق	Löffel
قاشق چای خوری	Teelöffel
قاشق غذاخوری	Eßlöffel
قاضی	Richter
قاطر	Maultier
قاعده	Regel; Methode; Sitte
قالی	Teppich
قالیچه	kleiner Teppich, Brücke
قبل	vor; vergangen
قبل از	vor (zeitl.)
قبول کردن	annehmen; zustimmen
قدرت	Macht; Fähigkeit
قدیم	alt; Altertum
قدیمی	alt, altertümlich
قرار شدن	vereinbart sein (werden)
قرار گذاشتن	sich vereinbaren
قربان	Opfer
قرض	Anleihe; Schuld
قرض دادن	verleihen, ausleihen
قرض کردن	borgen, entleihen
قرض گرفتن	borgen
قرن	Jahrhundert; Zeitalter
قرین	verbunden, vereinigt
قسمت	Teil; Anteil
قشنگ	hübsch; nett
قصر	Schloß, Palast
قصه	Geschichte, Fabel, Erzählung
قلب	Herz

قلباً	herzlich, vom Herzen
قلم	Feder
قلم خودنویس	Füllfederhalter
قند	(Würfel-)Zucker
قو	Schwan
قوری	Teekanne
قول	Wort, Versprechen
قول دادن	versprechen
قوم وخویش	Verwandte, Verwandtschaft
قوی	stark, kräftig
قهوه	Kaffee
قیمت	Preis; Wert

ک

کار	Arbeit; Beschäftigung
کارآموزی	Praktikum
کارت	Karte
کارکردن	arbeiten
کارگر	Arbeiter
کاغذ	Papier; Brief
کافی	genügend, genug
کاملاً	gänzlich, völlig
کباب	Braten
کبد	Leber
کبوتر	Taube
کت	Jacke
کتاب	Buch
کت و دامن	Kostüm
کت وشلوار	Anzug
کثیف	schmutzig
کجا ؟	wo ?
کدام ؟	welcher, welche, welches ?
کر	taub
کراوات	Krawatte
کردن	tun, machen
کرور	eine halbe Million
کره	Butter
کسالت	Unwohlsein
کسانیکه	diejenigen, welche
کسی	(irgend-)jemand
کسیکه	derjenige, welcher
کشتن	töten
کشور	Land
کفش	Schuh
کلاس	Klasse

کلاغ	Rabe, Krähe
کلفت	Dienstmädchen
کلید	Schlüssel
کلیمی	Jude
کم	wenig, unzureichend
کمتر	weniger
کم رنگ	schwach; bleich
کمک	Hilfe
کمک کردن	helfen
کم کم	allmählich
کمند	Lasso, Fangseil, Wurfschlinge
کنار کشیدن	zur Seite ziehen
کنان	tuend, machend
کند	langsam; stumpf
کندن	rupfen; ausziehen; graben
کو ؟	wo ist es ?
کوتاه	kurz
کوچک	klein; jung
کوچه	Gasse
کور	blind
که	wer ? daß; doch
کهنه	alt, abgetragen; altertümlich
کی	wann ?
کی ؟	wer ?
کی را ؟	wen ?
کیست ؟	wer ist (es) ?
کیف	Geldbeutel; Handtasche, Aktenmappe
کیلو	Kilo

گ

گاز زدن	beißen
گاو	Ochse; Rind; Kuh
گاهی	manchmal
گدا	Bettler
گدائی	Bettelei
گدائی کردن	betteln
گذاشتن	setzen, legen, stellen; lassen, zulassen
گذشتن	vorbeigehen; vergehen
گذشته	vergangen; vorig
گرامر	Grammatik
گران	teuer
گربه	Katze; Kater
گردش	Spaziergang; Ausflug

3 Sobhani, Persisch (S. 33)

گردش رفتن	spazieren gehen
گردش کردن	spazieren gehen
گردن	Hals; Nacken
گرسنگی	Hunger
گرسنگی کشیدن	hungern
گرسنه	hungrig
گرفتن	nehmen; fangen, verhaften; bekommen
گرم	warm
گریه	Weinen
گریه کردن	weinen
گریه کنان	weinend
گفتن	sagen; sprechen
گل	Blume; Blüte
گلاب	Rosenwasser
گلابی	Birne
گل بنفشه	Veilchen
گل چای	Teerose
گل چیدن	Blumen pflücken
گلدان	Blumenvase, Blumentopf
گل سرخ	(rote) Rose
گل سنبل	Hyazinthe
گل لاله	Tulpe
گل مروارید	Gänseblümchen
گل میخک	Nelke
گل نرگس	Narzisse
گل یاسمن	Jasmin
گمان کردن	annehmen, vermuten
گناه	Sünde; Verbrechen
گناهکار	Sünder; sündhaft
گنج	Schatz
گنجشک	Sperling
گندم	Weizen
گوجه فرنگی	Tomate
گوسفند	Schaf
گوش	Ohr
گوشت	Fleisch
گوش دادن	zuhören; anhören; gehorchen
گوش کردن	zuhören; anhören; gehorchen
گول زدن	betrügen
گوهر	Juwel, Edelstein

ل

لازم	notwendig
لازم داشتن	brauchen, nötig haben

لب	Lippe; Rand
لباس	Kleid, Kleidung
لرزیدن	beben, zittern
لطف	Güte, Wohlwollen
لطفاً	gefälligst, gütigst
لغت	Wort, Vokabel
لوبیا	Bohne
لهجه	Mundart
لیموترش	Zitrone
لیموشیرین	süße Limone
لیموناد	Limonade
لیوان	Trinkglas

م

ما (ماها)	wir
مادر	Mutter
مادربزرگ	Großmutter
ماده	weiblich
مادّه	Stoff, Materie
ماده‌پرست	Anbeter der Materie
ماست	Jogurt
ماشاءالله	wie schön! Gott schütze es vor neidischen Blicken!
ماشین	Maschine; Auto
مال	Besitztum, Reichtum
مانتو	leichter Damenmantel
ماندن	bleiben
ماه	Mond; Monat
ماهر	geschickt, erfahren
ماهی	Fisch
مبارک	gesegnet; heilig
مبل	Möbel; Sessel
متأسف	bedauernd
متأسفانه	mit Bedauern
متر	Meter
متشکّر	dankbar
متشکّر بودن	dankbar sein
متعلق	gehörig
متعلق بودن	gehören
متمنّی	bittend
متواضع	bescheiden; demütig
متوجّه	aufmerksam; achtsam
مثقال	ein Gewicht entsprechend etwa 5 Gramm
مثلِ	gleich, ähnlich, wie

مثل	Beispiel; Sprichwort
مثلاً	zum Beispiel
مثل اینکه	es scheint so als ob
مجبور	gezwungen
مجبوراً	gezwungenerweise
مجبور کردن	zwingen
مجلّه	Zeitschrift
محبّت	Liebe; Zuneigung
محترم	geehrt; geschätzt
محصّل	Student
محوّطه	Umgebung, Umkreis
مختصر	kurz und bündig
مختلف	verschieden
مدّت	Zeit; Zeitraum
مدل	Modelle
مرا	mich; mir
مربّا	Marmelade
مربوط	betreffend, angehend
مرتّب	ordentlich; geordnet
مرتبه	Stufe; Mal
مرحمت	Wohlwollen, Güte
مرد	Mann; tapfer
مرداد	Name des 5. Monats des iranischen Sonnenjahres
مردانه	männlich; tapfer
مردم	die Leute, die Menschen
مردمان	die Menschen
مردن	sterben
مردنی	sterblich; sterbend
مرسی	Danke!
مرض	Krankheit
مرغ	Huhn; Vogel
مرگ	Tod
مریض	krank
مریضخانه	Krankenhaus
مزاحم	lästig, belästigend; aufdringlich
مزّه	Geschmack
مزیّن	geschmückt
مس	Kupfer
مسافر	Reisender
مست	betrunken, berauscht
مسجد	Moschee
مسخره	Hofnarr, Clown; Spott
مسخره کردن	verspotten
مسلمان	Mohammedaner
مسیح	Christus
مسیحی	Christ

مشغول	beschäftigt
مشکی	schwarz
مشورت	Beratung
مشورت کردن	beraten
مصر	Ägypten
مضرّ	schädlich, nachteilig
مطب	Arztpraxis
مطرب	Musikant
مطمئن	sicher, überzeugt
مطمئن بودن	sicher sein
معالجه	ärztliche Behandlung
معالجه کردن	ärztlich behandeln
معاینه کردن	untersuchen
معتقد بودن	glauben
معده	Magen
معذرت خواستن	sich entschuldigen
معرّفی	Vorstellung
معرّفی کردن	vorstellen
معروف	berühmt, bekannt
معطّر	duftend, wohlriechend
معقول	vernünftig; höflich
معلم	Lehrer
معلوم	klar, deutlich
معمول	üblich
معمولاً	gewöhnlich
معنی	Bedeutung, Sinn
معیّن	festgesetzt, bestimmt
مغرور	hochmütig
مغز	Gehirn; Kern
مفصّلاً	ausführlich
مقاله	Artikel, Aufsatz
مقداری	eine gewisse Menge
مکیدن	saugen; aufsaugen
مگر	etwa, ob; ausgenommen
مگس	Fliege
ملا	mohamm. Geistlicher
ملاحظه کردن	betrachten, überlegen
ملافه	Laken
ملخ	Heuschrecke
ممکن	möglich
مملکت	Land; Stadt
من	ich; pers. Gewichtseinheit, entspricht 3 Kilo
مناسب	geeignet, günstig
منتظر	erwartend
منتظر بودن	warten; erwarten
منتظر گذاشتن	warten lassen
منزل	Wohnung; Haus

منعقد شدن	stattfinden
مو	Haar
مواظب	vorsichtig, sorgsam
مواظب بودن	aufpassen
مواظبت کردن	achten auf
موافق بودن	zustimmen, einverstanden sein
مورچه	Ameise
موز	Banane
موسیٰ	Moses
موسیقی	Musik
موضوع	Thema, Stoff
موفّق بودن	erfolgreich sein
موقّر	würdevoll; ernst
موقع	Gelegenheit; Zeit
مؤیّد	unterstützt, geholfen
مهارت	Geschicklichkeit
مهر	Name des 7. Monats des iranischen Sonnenjahres
مهربان	freundlich; lieb
مهمّ	wichtig
مهمان	Gast, Besuch
مهمانخانه	Gasthof, Hotel
مهندس	Ingenieur
میان	Mitte; Zentrum
میانِ	unter, zwischen
میز	Tisch
میل	Neigung, Tendenz
میل داشتن	mögen, wollen, wünschen,
میل کردن	nehmen, essen
میلیون	Million
میوه	Obst; Frucht

ن

نا امید	hoffnungslos
ناخن	Fingernagel
ناراحت	unbequem
نارنگی	Mandarine
نامه	Brief
نان	Brot
ناهار	Mittagessen
نتیجه	Ergebnis
نحس	unheilvoll; ungünstig
نخ	Faden, Schnur
نخود	Erbse
نرم	weich; fein; zart

نزدیک nahe, bei der Hand

نزدیکی Nähe

نسبتاً verhältnismäßig

نسخه Abschrift; Rezept

نسیه auf Kredit

نشان دادن zeigen

نشانی Adresse

نشستن sitzen, sich setzen

نصف Hälfte

نصف شب Mitternacht

نظر Ansicht; Blick

نفر Person

نفس Atem; Atmen

نفس کشیدن atmen, einatmen

نفی Verneinung

نقّاش Maler; Porträtmaler

نقّاشی Malen; Malerei: Zeichnen

نقد bar, bares Geld, Kasse

نقره Silber

نگران besorgt, ängstlich

نگهداشتن halten; behalten; hindern

نماز tägliches Pflichtgebet

نماز خواندن beten, das tägliche Pflichtgebet verrichten

نمایش رادیوئی Hörspiel

نمره Nummer

نمک Salz

نمکدان Salzfäßchen, Salzstreuer

نمودن zeigen; scheinen; tun

نو neu

نوا Melodie, Lied

نواختن spielen auf

نوبت Reihe; Mal

نود neunzig

نور Licht; Glanz

نورچشم Augenglanz, Kind, Sohn oder Tochter

نوروز der Neujahrstag

نوزده neunzehn

نوشتن schreiben

نوع Art, Gattung

نوک Spitze, Gipfel; Schnabel

نوکر Diener

نوک زدن picken, hacken

نُه neun

نَه nein

نهار Mittagessen; Tag

نهصد neunhundert

نهم	der neunte
نه . . . نه	weder . . . noch
نیم	halb; Hälfte

و

وَ	und
واجب	notwendig, unerläßlich
وارث	Erbe
واردشدن	ankommen; eintreten
واردکردن	einführen
واضح	klar, offenbar
والدین	die Eltern
والیبال	Volleyball
وجودداشتن	sein, existieren
وحدت	Einheit
ورزش	gymnastische Übung; Turnkunst
ورشکست	bankrott
ورشکست شدن	bankrott gehen
ورق	Blatt; Spielkarte
ورق بازی	Kartenspiel
ورق بازی	die Spielkarten
ورق زدن	blättern
ورود	Eintritt; Ankunft
وزارت	Ministerium
وزن	Gewicht
وزیر	Minister
وسائل	die Mittel
وسط	Mitte; Zentrum
وقت	Zeit
وقت کردن	Zeit haben, Zeit finden
وقتیکه	als; zu einer Zeit, wo
وگرنه	wenn nicht, sonst
ولی	aber

ه

هار	tollwütig
هاری	Tollwut
هتل	Hotel
هدیه	Geschenk; Widmung
هدیه عروسی	Hochzeitsgeschenk
هر	jeder, jede, jedes

هرچه	was auch immer, alles was
هرچه زودتر	so schnell wie möglich, so bald wie möglich
هردو	beide
هرکدام	(ein) jeder
هرکس	jeder; wer auch
هرکسیکه	jeder, welcher
هرکه	wer auch immer
هرگز	nie, niemals
هروقت	wann auch immer; jederzeit
هریک	(ein) jeder
هزار	tausend
هسته	Obstkern
هشت	acht
هشتاد	achtzig
هشتصد	achthundert
هضم	Verdauung, Verdauen
هفت	sieben
هفتاد	siebzig
هفتصد	siebenhundert
هفته	Woche
هفته آینده	nächste Woche
هفده	siebzehn
هلو	Pfirsich
هم	auch; ebenso; selbst
همان	eben jener
همانها	eben jene (pl.)
همدیگر	einander
همسایه	Nachbar
همه	alle, alles; ganz
همه جا	überall
هم ... هم	sowohl . . . als
همیشه	immer
همین	eben dieser
همینجا	eben hier
همینطور	eben so
همینکه	gerade als; sobald
هندوانه	Wassermelone
هندوستان	Indien
هنر	Kunst; Talent
هنوز	noch
هوا	Luft; Atmosphäre
هواپیما	Flugzeug
هیجده	achtzehn
هیچ جا	nirgends
هیچ چیز	nichts
هیچکدام	keiner, keine, keines
هیچکس	niemand

هیچوقت	niemals
هیچیک	keiner, keine, keines

ی

یا	oder
یاد	Erinnerung; Gedächtnis
یاد دادن	lehren, beibringen
یادگرفتن	lernen
یار	Freund
یازده	elf
یا ... یا	entweder ... oder
یعنی	das heißt, das bedeutet
یک	ein, eins
یک بیک	einzeln
یک چشمی	der Einäugige
یکدیگر	einander
یکشنبه	Sonntag
یک طرفه	einreihig; einseitig
یکنفره	für eine Person
یکی	jemand
یواش	leise, langsam
یواش یواش	allmählich

www.ingramcontent.com/pod-product-compliance
Lightning Source LLC
Chambersburg PA
CBHW070820300426
44111CB00014B/2466
* 9 7 8 3 1 1 0 0 3 7 2 2 7 *